Smart Budgeting

Finanzielle Freiheit Schritt für Schritt

Dr. Albert Krammer

Inhaltsangabe

INHALTSANGABE 2

EINFÜHRUNG 7

Was ist Smart Budgeting? 8
    Einführung 8

Die Bedeutung finanzieller Freiheit 13
    Was ist finanzielle Freiheit? 13

GRUNDLAGEN DES BUDGETIERENS 19

Einnahmen und Ausgaben erfassen 21
    Der erste Schritt: Einnahmen erfassen 21
    Der zweite Schritt: Ausgaben erfassen 23

Finanzielle Ziele setzen 26
    Warum finanzielle Ziele so wichtig sind 26
    SMARTe Ziele – Der richtige Ansatz 27
    Kurzfristige, mittelfristige und langfristige Ziele 28
    Finanzielle Ziele priorisieren 31

Das eigene Ausgabeverhalten analysieren 32
    Warum die Analyse des Ausgabeverhaltens wichtig ist 32
    Häufige Ausgabenfallen und wie man sie vermeidet 36
    Werkzeuge zur Analyse des Ausgabeverhaltens 38

ENTWICKLUNG EINES INDIVIDUELLEN BUDGETS 45

Budgetierungsmethoden im Überblick 46
    Die 50/30/20-Regel 46
    Zero-Based Budgeting 51
    Die Envelope-Methode 57

Tools und Apps für effektives Budgeting 63
    Warum digitale Tools und Apps für das Budgeting nutzen? 63

Kategorien von Budgeting-Tools und Apps 65
Auswahl des richtigen Tools oder der richtigen App 68

Monatliche und jährliche Budgetplanung **70**
Die Bedeutung der Budgetplanung 70
Der Unterschied zwischen monatlicher und jährlicher Budgetplanung 71
Schritte zur Erstellung einer monatlichen Budgetplanung 72
Schritte zur Erstellung einer jährlichen Budgetplanung 74

SPARSTRATEGIEN FÜR JEDEN TAG 77

Warum tägliches Sparen so wichtig ist **80**
Die Psychologie des Sparens 80
Der „Pay Yourself First"-Ansatz 81
Budgetieren und Sparen im Alltag 82

Notwendige vs. unnötige Ausgaben **86**
Warum die Unterscheidung wichtig ist 86
Was sind notwendige Ausgaben? 87
Was sind unnötige Ausgaben? 89
Wie Sie notwendige und unnötige Ausgaben unterscheiden 91

Effektive Spartechniken **92**
Die Bedeutung der täglichen Spargewohnheiten 92
Automatisiertes Sparen: Der einfachste Weg, Geld zu sparen 93
Haushaltsbuch führen: Der Schlüssel zu bewussterem Ausgeben 94
Der 24-Stunden-Plan: Impulskäufe vermeiden 96
Den Geldfluss steuern: Einnahmen erhöhen und Ausgaben optimieren 97

Automatisierung von Sparprozessen **103**
Warum Automatisierung des Sparens so wichtig ist 103
Arten der Automatisierung im Sparprozess 105
Tools und Technologien zur Automatisierung 107
Praktische Schritte zur Automatisierung des Sparprozesses 109

INVESTIEREN UND VERMÖGENSAUFBAU 111

Grundlagen des Investierens **112**
Zielsetzung und Planung: Der Grundstein des Vermögensaufbaus 112
Der Zinseszinseffekt: Die Macht des langfristigen Denkens 113
Risikomanagement und Diversifikation: Stabilität durch Streuung 114
Disziplin und Geduld: Erfolgsfaktoren im Investieren 115

Die Bedeutung der laufenden Überwachung und Anpassung 116
Kostenbewusstsein und Effizienz 117

Verschiedene Anlageformen **118**
Aktien und Anleihen 118
Immobilien: Investitionen in greifbare Werte 121
ETFs und Fonds: Breite Streuung für eine stabile Rendite 123

Risikomanagement beim Investieren **125**
Grundlagen des Risikomanagements: Verstehen, Analysieren, Bewältigen ...125
Diversifikation: Das Grundprinzip des Risikomanagements 126
Strategien zur Risikoreduzierung: Langfristigkeit, Cost-Averaging und mehr.128
Absicherung durch Instrumente wie Optionen und Stop-Loss-Orders 129
Psychologisches Risikomanagement: Emotionen kontrollieren und rational handeln 130

UMGANG MIT SCHULDEN 132

Schuldenarten und ihre Auswirkungen **134**
Konsumschulden: Kredite für alltägliche Ausgaben 134
Bildungsschulden: Investition in die eigene Zukunft 136
Hypothekenschulden: Eigenheimbesitz und langfristige Bindungen 137
Geschäftsschulden: Unternehmerische Finanzierung und Risiken 138
Private Darlehen und alternative Finanzierungsformen 139

Strategien zur Schuldenreduzierung **141**
Der Unterschied zwischen der Schneeball- und der Lawinen-Methode 141
Vorteile und Herausforderungen der Schneeball-Methode 143
Vorteile und Herausforderungen der Lawinen-Methode 144
Kombinierte Ansätze: Der individuelle Schuldenabbauplan 145
Praktische Tipps für den erfolgreichen Schuldenabbau 146

Finanzielle Rehabilitation **147**
Verständnis von finanzieller Rehabilitation 147
Ursachen finanzieller Probleme 148
Erste Schritte zur finanziellen Rehabilitation 148
Aufbau eines Notfallfonds 150
Verbesserung der finanziellen Bildung 151
Langfristige finanzielle Planung 151
Psychologische Aspekte der finanziellen Rehabilitation 152

UMGANG MIT UNVORGERGESEHENEN AUSGABEN 153

Notfallfonds aufbauen **154**
   Was ist ein Notfallfonds und warum ist er wichtig? 154
   Wie viel solltest du in deinem Notfallfonds ansparen? 155
   Den Notfallfonds einrichten: Die ersten Schritte 155
   Tipps zur Beschleunigung des Sparprozesses für den Notfallfonds 156
   Der Notfallfonds in der Praxis: Wann und wie sollte man ihn nutzen? 157
   Aufrechterhaltung und Optimierung des Notfallfonds 158
   Notfallfonds versus andere Finanzpolster: Abgrenzung und Balance 158

Finanzielle Flexibilität erhalten **159**
   Die Bedeutung finanzieller Flexibilität 159
   Ein starkes Budget aufbauen 160
   Aufbau eines Notfallfonds 162
   Vielfältige Einkommensquellen schaffen 163
   Umgang mit Schulden 164

MOTIVATION UND DISZIPLIN AUF DEM WEG ZUR FINANZIELLEN FREIHEIT 166

Ziele regelmäßig überprüfen **168**
   Warum Ziele wichtig sind 168
   Die Bedeutung der regelmäßigen Überprüfung 169
   Strategien zur Überprüfung deiner Ziele 171
   Tools zur Zielverfolgung 172
   Die Rolle von Unterstützung und Verantwortlichkeit 173

Die Bedeutung von Belohnungen **175**
   Die Psychologie der Belohnungen 175
   Belohnungen als Motivatoren 176
   Arten von Belohnungen 177
   Belohnungen richtig einsetzen 178
   Gefahren von Belohnungen 179

FALLSTUDIEN UND PRAKTISCHE ÜBUNGEN 181

Erfolgreiche Budgetierungsbeispiele **182**
   Fallstudie 1: Single und Berufseinsteiger – Vom Dispo ins Plus 182
   Fallstudie 2: Familie mit zwei Kindern – Budgetierung für Familienausgaben 183
   Fallstudie 3: Selbständige Unternehmerin – Schwankendes Einkommen effektiv managen 185
   Fallstudie 4: Ehepaar vor dem Ruhestand – Altersvorsorge und Lebensqualität 186

    Praktische Übungen zur Budgetierung 187

Praktische Übungen zur Umsetzung **189**
    Übung 1: Erstellung eines realistischen Haushaltsbudgets 189
    Übung 2: Ausgabentagebuch führen 190
    Übung 3: „Zero-Based Budgeting" anwenden 191
    Übung 4: Rücklagenbildung für Notfälle 192
    Übung 5: Spar-Challenge zur Motivation 193
    Übung 6: Budget-Überprüfung und Anpassung 193

RESSOURCEN UND WEITERFÜHRENDE LITERATUR 195

Empfehlenswerte Bücher **196**

Nützliche Webseiten und Tools **200**

FAZIT – NÄCHSTE SCHRITTE FÜR DEN LESER 204

IMPRESSUM 209

Einführung

In "Smart Budgeting: Finanzielle Freiheit Schritt für Schritt" nimmt der Autor die Leser mit auf eine transformative Reise zu einer soliden finanziellen Grundlage. Das Buch bietet praxisnahe Strategien und leicht umsetzbare Tipps, um die eigene Finanzsituation nachhaltig zu verbessern.
Der erste Teil des Buches beleuchtet die Grundlagen des Budgetierens: Von der Erfassung der Einnahmen und Ausgaben bis hin zur Analyse von Ausgabeverhalten. Leser lernen, wie sie ihre finanziellen Ziele klar definieren und priorisieren können.
Im zweiten Teil geht es um das Entwickeln eines individuellen Budgets, das sowohl kurz- als auch langfristige Ziele berücksichtigt. Der Autor führt durch verschiedene Budgetierungsmethoden, von der 50/30/20-Regel bis hin zu digitalen Tools, die den Prozess erleichtern.
Der dritte Teil konzentriert sich auf Sparstrategien und Investitionen. Leser erfahren, wie sie gezielt Rücklagen bilden, klug investieren und somit ihr Vermögen aufbauen können. Praktische Übungen und Fallbeispiele verdeutlichen die Konzepte.
Abgerundet wird das Buch durch Kapitel über den Umgang mit Schulden und unvorhergesehenen Ausgaben sowie Tipps zur Aufrechterhaltung von Motivation und Disziplin.
Mit "Smart Budgeting" wird finanzielle Freiheit nicht nur als Ziel, sondern als erreichbarer Lebensstil präsentiert. Leser werden ermutigt, die Kontrolle über ihre Finanzen zu übernehmen und ein erfülltes, stressfreies Leben zu führen.

Was ist Smart Budgeting?

Einführung

In einer Welt, in der finanzielle Sicherheit und Freiheit immer wichtiger werden, gewinnt das Konzept des Budgetierens an Bedeutung. Doch nicht jede Form des Budgetierens ist gleich. Smart Budgeting geht über die einfache Aufzeichnung von Einnahmen und Ausgaben hinaus. Es ist ein strategischer Ansatz, der darauf abzielt, finanzielle Ziele zu erreichen, das Ausgabeverhalten zu optimieren und letztlich eine nachhaltige finanzielle Gesundheit zu fördern. In diesem Kapitel werden wir die Grundlagen, Methoden und Vorteile von Smart Budgeting näher betrachten.

Die Grundlagen des Smart Budgeting

Smart Budgeting bedeutet, dass Sie Ihre Finanzen nicht nur im Griff haben, sondern sie aktiv steuern. Es geht darum, bewusste Entscheidungen über Geld auszugeben, zu sparen und zu investieren. Der erste Schritt auf dem Weg zum Smart Budgeting besteht darin, ein klares Verständnis über die eigenen finanziellen Gegebenheiten zu gewinnen.

Einnahmen und Ausgaben erfassen
Der erste Schritt im Smart Budgeting ist die umfassende Erfassung Ihrer Einnahmen und Ausgaben. Dies umfasst:

- Einnahmen: Alle Quellen von Geld, die Sie regelmäßig erhalten, einschließlich Gehalt, Nebeneinkünfte und passive Einkünfte.

- Ausgaben: Eine detaillierte Aufstellung aller monatlichen Ausgaben, unterteilt in feste Ausgaben (wie Miete, Versicherungen) und variable Ausgaben (wie Lebensmittel, Unterhaltung).

Ein effektives Budget erfordert Transparenz. Nutzen Sie Tools wie Tabellenkalkulationen oder spezielle Budget-Apps, um diese Informationen zu erfassen.

Finanzielle Ziele setzen
Das Setzen von finanziellen Zielen ist ein entscheidender Bestandteil des Smart Budgeting. Überlegen Sie, was Sie mit Ihren Finanzen erreichen möchten. Beispiele für finanzielle Ziele sind:
- Den Schuldenstand reduzieren
- Ein Notfallfonds aufbauen
- Für den Ruhestand sparen
- Eine Immobilie kaufen

Setzen Sie sowohl kurzfristige (z. B. einen Urlaub) als auch langfristige (z. B. die Altersvorsorge) Ziele. Diese Ziele dienen als Motivation und helfen Ihnen, Ihre Ausgaben zu priorisieren.

Methoden des Smart Budgeting

Es gibt verschiedene Methoden des Budgetierens, und Smart Budgeting passt sich den individuellen Bedürfnissen an. Hier sind einige der effektivsten Methoden:

Die 50/30/20-Regel
Eine beliebte Methode ist die 50/30/20-Regel, die vorschlägt, dass:
- 50 % Ihres Einkommens für notwendige Ausgaben (Wohnen, Lebensmittel) verwendet werden sollten.
- 30 % für persönliche Ausgaben (Unterhaltung, Hobbys).
- 20 % für Ersparnisse und Investitionen.

Diese einfache Struktur hilft, die Ausgaben im Gleichgewicht zu halten und gleichzeitig für die Zukunft zu sparen.

Zero-Based Budgeting
Eine andere Methode ist das Zero-Based Budgeting, bei dem jeder Euro Ihres Einkommens eine spezifische Aufgabe zugewiesen wird. Am Ende des Monats sollte Ihr Budget auf null hinauslaufen. Dies fördert eine genaue Planung und zwingt Sie, Ihre Ausgaben genau zu überdenken.

Die Envelope-Methode
Die Envelope-Methode ist eine traditionelle Technik, bei der Sie für verschiedene Kategorien von Ausgaben physische Umschläge verwenden. Sobald das Geld in einem Umschlag aufgebraucht ist, ist es nicht mehr möglich, für diese Kategorie auszugeben. Diese Methode hilft, Impulskäufe zu vermeiden und das Budget zu disziplinieren.

Die Vorteile von Smart Budgeting

Smart Budgeting bietet zahlreiche Vorteile, die über die bloße Kontrolle der Finanzen hinausgehen.

Finanzielle Sicherheit
Durch die systematische Planung Ihrer Finanzen verringern Sie das Risiko, in Schulden zu geraten. Ein klarer Überblick über Ihre Ausgaben und Einnahmen ermöglicht es Ihnen, rechtzeitig Anpassungen vorzunehmen und unerwartete Ausgaben zu bewältigen.

Zielgerichtetes Sparen

Smart Budgeting hilft Ihnen, gezielt für Ihre finanziellen Ziele zu sparen. Ob es sich um einen Notfallfonds, eine größere Anschaffung oder den Ruhestand handelt, die bewusste Allokation von Geldern in verschiedene Sparziele macht das Erreichen dieser Ziele realistischer.

Stressreduktion
Finanzielle Sorgen können einen erheblichen Stressfaktor darstellen. Durch ein effektives Budget und die Kontrolle über Ihre Finanzen können Sie Unsicherheiten reduzieren und ein Gefühl der Kontrolle zurückgewinnen.

Bessere Entscheidungsfindung
Mit einem klaren Überblick über Ihre Finanzen treffen Sie bessere Entscheidungen. Sie können erkennen, wo Einsparungen möglich sind, und Ihre Ausgaben bewusster steuern. Dies fördert auch ein nachhaltigeres Konsumverhalten.

Praktische Tipps für Smart Budgeting

Hier sind einige praktische Tipps, um Smart Budgeting erfolgreich umzusetzen:

Regelmäßige Überprüfung
Setzen Sie sich regelmäßig Zeiträume (monatlich, vierteljährlich), um Ihr Budget zu überprüfen. Analysieren Sie Ihre Ausgaben und passen Sie Ihr Budget gegebenenfalls an. Dies hilft, Veränderungen in Ihrem Lebensstil oder Einkommen zu berücksichtigen.

Automatisierung
Nutzen Sie automatisierte Überweisungen, um Ihre Ersparnisse zu maximieren. Richten Sie automatische Überweisungen auf Ihr Sparkonto oder in Ihre Altersvorsorge ein, um sicherzustellen, dass Sie regelmäßig sparen.

Flexibilität bewahren

Seien Sie flexibel in Ihrem Budget. Unerwartete Ausgaben oder Änderungen in Ihren finanziellen Umständen können auftreten. Sehen Sie Budgetierung nicht als starres System, sondern als lebendigen Prozess, den Sie anpassen können.

Fazit

Smart Budgeting ist mehr als nur eine Technik zur Verwaltung von Geld; es ist eine Lebensweise, die finanzielle Sicherheit, Kontrolle und Freiheit fördert. Indem Sie bewusste Entscheidungen über Ihre Finanzen treffen und Ihre Ausgaben strategisch planen, legen Sie den Grundstein für eine bessere finanzielle Zukunft. Nutzen Sie die Methoden und Tipps, die in diesem Kapitel vorgestellt wurden, um Ihren eigenen Weg zum Smart Budgeting zu finden und Ihre finanziellen Ziele zu erreichen.

Die Bedeutung finanzieller Freiheit

Finanzielle Freiheit ist ein Begriff, der oft in Gesprächen über persönliche Finanzen und Lebensstil auftaucht. Für viele Menschen klingt das Konzept verlockend: die Möglichkeit, das Leben nach eigenen Vorstellungen zu gestalten, ohne sich ständig um Geld sorgen zu müssen. Doch was genau bedeutet finanzielle Freiheit, und warum ist sie so wichtig? In diesem Kapitel werden wir die verschiedenen Facetten finanzieller Freiheit untersuchen, ihre Vorteile auf individueller und gesellschaftlicher Ebene beleuchten und aufzeigen, wie Sie durch Smart Budgeting einen Schritt näher an dieses Ziel kommen können.

Was ist finanzielle Freiheit?

Finanzielle Freiheit ist ein Zustand, in dem eine Person über ausreichende finanzielle Mittel verfügt, um ihre Lebensziele ohne ständige Sorgen um Geld zu erreichen. Dies umfasst nicht nur die Fähigkeit, alltägliche Ausgaben zu decken, sondern auch die Möglichkeit, für die Zukunft zu sparen, Investitionen zu tätigen und sich finanziellen Wünschen und Träumen zu widmen.

Die verschiedenen Dimensionen finanzieller Freiheit

Finanzielle Freiheit ist kein einmaliger Zustand, sondern ein kontinuierlicher Prozess, der in mehreren Dimensionen betrachtet werden kann:

- Sicherheit: Das Wissen, dass Sie genügend Ressourcen haben, um unerwartete Ausgaben zu decken und Ihr Leben auch in Krisenzeiten abzusichern.
- Flexibilität: Die Freiheit, Entscheidungen zu treffen, die nicht nur auf finanziellen Überlegungen basieren. Dazu gehört die

Möglichkeit, einen Job zu wählen, der Ihnen Freude bereitet, auch wenn er nicht der am besten bezahlte ist.
- Wachstum: Finanzielle Freiheit bedeutet auch, dass Sie in der Lage sind, Ihr Vermögen durch kluge Investitionen und Sparstrategien zu vergrößern.
- Freiheit von Schulden: Ein zentraler Aspekt ist die Fähigkeit, Schulden zu vermeiden oder abzubauen, die oft eine erhebliche Belastung darstellen.

Warum ist finanzielle Freiheit wichtig?

Finanzielle Freiheit hat weitreichende Auswirkungen auf das persönliche Leben und die Gesellschaft als Ganzes. Im Folgenden sind einige der wichtigsten Gründe aufgeführt, warum finanzielle Freiheit von großer Bedeutung ist.

Lebensqualität
Menschen, die finanzielle Freiheit genießen, berichten oft von einer höheren Lebensqualität. Sie haben die Möglichkeit, in ihren Träumen und Wünschen zu investieren, sei es durch Reisen, Hobbys oder Bildung. Diese Freiheiten tragen zu einem erfüllteren Leben bei.

Stressreduktion
Geldsorgen gehören zu den häufigsten Ursachen für Stress. Finanzielle Freiheit ermöglicht es Ihnen, sich von diesem Stress zu befreien. Wenn Sie über die nötigen Mittel verfügen, um Ihre Bedürfnisse zu decken, können Sie sich besser auf andere Aspekte Ihres Lebens konzentrieren, wie Gesundheit, Beziehungen und persönliche Entwicklung.

Unabhängigkeit

Finanzielle Freiheit fördert die Unabhängigkeit. Sie sind nicht auf einen bestimmten Job oder eine bestimmte Einkommensquelle angewiesen. Dies gibt Ihnen die Freiheit, Entscheidungen zu treffen, die Ihnen wichtig sind, und Ihre Zeit und Energie auf Dinge zu konzentrieren, die Ihnen Freude bereiten.

Einfluss und Verantwortung
Menschen mit finanzieller Freiheit haben oft mehr Einfluss auf ihre Gemeinschaft und Gesellschaft. Sie sind in der Lage, philanthropische Aktivitäten zu unterstützen, Bildung und Möglichkeiten für andere zu fördern und positive Veränderungen in ihrer Umgebung zu bewirken.

Der Weg zur finanziellen Freiheit

Um finanzielle Freiheit zu erreichen, ist es wichtig, eine klare Strategie zu haben. Dieser Prozess kann in mehrere Schritte unterteilt werden, die alle eng mit Smart Budgeting verbunden sind.

Ausgabenüberprüfung und -optimierung
Der erste Schritt zur finanziellen Freiheit besteht darin, einen detaillierten Überblick über Ihre Einnahmen und Ausgaben zu erhalten. Beginnen Sie mit der Erfassung Ihrer monatlichen Einnahmen und identifizieren Sie Ihre festen und variablen Ausgaben. Fragen Sie sich:
- Wo gebe ich unnötig viel Geld aus?
- Gibt es Bereiche, in denen ich Einsparungen vornehmen kann?

Durch diese Überprüfung können Sie ein besseres Verständnis für Ihre Finanzen entwickeln und gezielte Maßnahmen zur Reduzierung von Ausgaben ergreifen.

Erstellung eines Budgets

Ein Budget ist ein unverzichtbares Werkzeug auf dem Weg zur finanziellen Freiheit. Es hilft Ihnen, Ihre Ausgaben zu planen und sicherzustellen, dass Sie innerhalb Ihrer Möglichkeiten leben. Bei der Erstellung eines Budgets sollten Sie:
- Klare finanzielle Ziele setzen.
- Ihre Einnahmen und Ausgaben gegenüberstellen.
- Regelmäßige Überprüfungen und Anpassungen vornehmen.

Aufbau eines Notfallfonds
Ein Notfallfonds ist eine finanzielle Reserve, die Ihnen hilft, unerwartete Ausgaben zu bewältigen, ohne Schulden aufzunehmen. Experten empfehlen, mindestens drei bis sechs Monate Lebenshaltungskosten in diesem Fonds zu haben. Der Aufbau eines solchen Fonds erfordert Disziplin, ist jedoch entscheidend für die Erreichung finanzieller Freiheit.

Investieren in die Zukunft
Sobald Sie Ihre Ausgaben im Griff haben und einen Notfallfonds aufgebaut haben, sollten Sie beginnen, in Ihre Zukunft zu investieren. Dies kann durch:
- Sparen für den Ruhestand: Nutzen Sie Rentenfonds, um für Ihre Altersvorsorge zu sparen.
- Aktien und Anleihen: Investieren Sie in Aktien oder Anleihen, um Ihr Vermögen zu vermehren.
- Immobilien: Der Kauf von Immobilien kann eine wertvolle Investition sein, die im Laufe der Zeit an Wert gewinnt.

Investieren erfordert ein gewisses Maß an Wissen und Verständnis, daher ist es ratsam, sich weiterzubilden und gegebenenfalls professionelle Beratung in Anspruch zu nehmen.

Hindernisse auf dem Weg zur finanziellen Freiheit

Trotz der Vorteile und der Erreichbarkeit finanzieller Freiheit können auf dem Weg dorthin verschiedene Hindernisse auftreten. Es ist wichtig, diese Herausforderungen zu erkennen und Strategien zu entwickeln, um sie zu überwinden.

Schulden
Schulden können ein erhebliches Hindernis für finanzielle Freiheit darstellen. Ob Kreditkarten, Studentendarlehen oder Hypotheken – Schulden belasten Ihre Finanzen und reduzieren Ihre Flexibilität. Der Schlüssel zur Überwindung von Schulden liegt im konsequenten Abbau und der Vermeidung neuer Schulden.

Unvorhergesehene Ausgaben
Unerwartete Ausgaben, wie medizinische Notfälle oder Autoreparaturen, können den finanziellen Plan schnell über den Haufen werfen. Ein gut geführter Notfallfonds ist hier entscheidend, um unerwartete Kosten zu decken und nicht in finanzielle Schwierigkeiten zu geraten.

Mangelnde finanzielle Bildung
Viele Menschen haben nicht das nötige Wissen, um informierte Entscheidungen über ihre Finanzen zu treffen. Es ist wichtig, sich ständig weiterzubilden, sei es durch Bücher, Kurse oder Online-Ressourcen. Eine solide finanzielle Bildung ist der Schlüssel zur finanziellen Freiheit.

Die gesellschaftliche Dimension finanzieller Freiheit

Finanzielle Freiheit hat nicht nur individuelle Vorteile, sondern auch positive Auswirkungen auf die Gesellschaft als Ganzes. Wenn mehr Menschen in der Lage sind, ihre Finanzen zu kontrollieren, hat dies weitreichende Folgen:

Wirtschaftliches Wachstum
Menschen mit finanzieller Freiheit sind eher bereit, zu investieren und zu konsumieren. Dies fördert das wirtschaftliche Wachstum, da Unternehmen von höheren Ausgaben profitieren. Darüber hinaus sind wohlhabende Individuen oft bereit, in neue Ideen und Start-ups zu investieren, was Innovation und Beschäftigung fördert.

Soziale Stabilität
Finanzielle Freiheit kann auch zur sozialen Stabilität beitragen. Wenn Menschen in der Lage sind, ihre grundlegenden Bedürfnisse zu decken und ein gewisses Maß an Wohlstand zu erreichen, sind sie weniger anfällig für finanzielle Notlagen und soziale Probleme. Dies führt zu stabileren Gemeinschaften und einer geringeren Kriminalitätsrate.

Bildung und Chancen
Finanzielle Freiheit eröffnet Bildungschancen. Menschen, die nicht mit finanziellen Sorgen kämpfen müssen, können sich besser auf ihre Ausbildung konzentrieren und ihren Kindern eine bessere Bildung bieten. Dies führt zu einer positiveren Zukunft für kommende Generationen.

Fazit

Die Bedeutung finanzieller Freiheit kann nicht hoch genug eingeschätzt werden. Sie beeinflusst nicht nur das individuelle Wohlbefinden, sondern hat auch weitreichende Auswirkungen auf die Gesellschaft als Ganzes. Durch Smart Budgeting und eine strategische Herangehensweise an persönliche Finanzen können Sie den Grundstein für Ihre eigene finanzielle Freiheit legen.

Indem Sie Ihre Ausgaben im Blick behalten, ein Budget erstellen, einen Notfallfonds aufbauen und in Ihre Zukunft investieren, setzen Sie Schritte in Richtung eines Lebens voller Möglichkeiten und Unabhängigkeit. Lassen Sie uns gemeinsam an dieser Reise arbeiten und das Ziel finanzieller Freiheit Schritt für Schritt erreichen.

Grundlagen des Budgetierens

Der Weg zur finanziellen Freiheit beginnt mit einem klaren Verständnis darüber, wie viel Geld hereinkommt und wofür es ausgegeben wird. Genau hier setzt das Budgetieren an – ein Prozess, der Ihnen hilft, Ihre Einnahmen und Ausgaben bewusst zu planen, um die Kontrolle über Ihre Finanzen zu übernehmen und langfristig Ihre finanziellen Ziele zu erreichen. In diesem Kapitel konzentrieren wir uns darauf, wie Sie ein Budget erstellen, indem Sie Ihre Einnahmen und Ausgaben erfassen, analysieren und darauf basierend Entscheidungen treffen, die Ihre finanzielle Situation verbessern können.

Bevor wir uns mit den Details des Budgetierungsprozesses beschäftigen, ist es wichtig, zu verstehen, warum ein Budget ein unverzichtbares Werkzeug auf dem Weg zur finanziellen Freiheit ist. Ein Budget gibt Ihnen nicht nur Klarheit über Ihre finanzielle Situation, sondern hilft Ihnen auch, Schulden zu vermeiden, Ersparnisse aufzubauen und Ihre finanziellen Ziele – wie den Kauf eines Hauses, den Aufbau einer Notfallreserve oder die Planung des Ruhestands – zu erreichen. Ohne ein Budget wissen viele Menschen nicht genau, wohin ihr Geld fließt. Es kann sich anfühlen, als würde das Geld schneller verschwinden, als man es verdient, und das führt häufig zu einem Gefühl der Unsicherheit oder sogar zu finanziellen Schwierigkeiten.

Mit einem klaren und strukturierten Budget bekommen Sie jedoch ein vollständiges Bild davon, wie viel Sie verdienen und wofür Sie es ausgeben. Dies ermöglicht es Ihnen, fundierte Entscheidungen darüber zu treffen, wo Sie Ihr Geld kürzen, wo Sie es besser investieren und wie Sie Ihre Ausgaben so steuern können, dass Sie Ihre Ziele erreichen. Es gibt Ihnen die Macht zurück und sorgt für Stabilität in Ihrem finanziellen Leben.

Einnahmen und Ausgaben erfassen

Der erste Schritt: Einnahmen erfassen

Um ein funktionierendes Budget zu erstellen, müssen Sie zunächst wissen, wie viel Geld Ihnen jeden Monat zur Verfügung steht. Ihre Einnahmen sind die Basis, auf der Ihr Budget aufgebaut wird. Ohne ein klares Bild davon, wie viel Geld Sie monatlich zur Verfügung haben, ist es unmöglich, sinnvolle Entscheidungen über Ihre Ausgaben zu treffen.

Was zählt zu den Einnahmen?

Einnahmen sind alle Geldbeträge, die Sie regelmäßig oder unregelmäßig erhalten. Zu den gängigsten Arten von Einnahmen zählen:

1. Löhne und Gehälter: Ihr Einkommen aus einem Vollzeit- oder Teilzeitjob bildet in den meisten Fällen die größte Einnahmequelle. Wenn Sie ein festes monatliches Gehalt erhalten, ist es einfach, diesen Betrag in Ihr Budget einzutragen. Schwierig wird es, wenn Ihr Einkommen variiert, z. B. bei Freelancern oder Selbständigen. Hier müssen Sie mit einem Durchschnittswert arbeiten.
2. Nebenjobs: Falls Sie zusätzlich zu Ihrem Haupteinkommen noch Einkünfte aus Nebenjobs oder freiberuflichen Tätigkeiten haben, sollten diese ebenfalls in Ihrem Budget berücksichtigt werden. Auch hier kann es zu Schwankungen kommen, sodass es sinnvoll ist, die Einnahmen über einen längeren Zeitraum zu beobachten und einen Durchschnitt zu ermitteln.

3. Einnahmen aus Investitionen: Erträge aus Aktien, Dividenden, Zinsen und anderen Finanzanlagen sollten ebenfalls in Ihr Budget aufgenommen werden. Diese Einnahmen können unregelmäßig sein, aber sie tragen langfristig zur Steigerung Ihres Einkommens bei.
4. Mieteinnahmen: Besitzen Sie Immobilien, die Sie vermieten, gehören auch diese Einnahmen in Ihre Kalkulation. Berücksichtigen Sie hierbei jedoch potenzielle Schwankungen, wie Leerstände oder Instandhaltungskosten, die Ihre tatsächlichen Einnahmen beeinflussen können.
5. Sonstige Einnahmen: Hierzu zählen beispielsweise staatliche Unterstützung, wie Kindergeld, Wohngeld oder Arbeitslosengeld. Auch einmalige Einkünfte, wie Steuererstattungen oder Geschenke, sollten bei der Budgetplanung in Betracht gezogen werden.

So erfassen Sie Ihre Einnahmen

Um Ihre Einnahmen präzise zu erfassen, sollten Sie systematisch vorgehen. Ein guter Ansatz ist es, Ihre gesamten Einnahmen für einen Zeitraum von mindestens drei bis sechs Monaten zu beobachten. So erhalten Sie einen realistischen Überblick über Ihre monatlichen Einnahmen, selbst wenn diese schwanken. Nutzen Sie dafür Tabellenkalkulationen oder Budgetierungs-Apps, die Ihnen die Arbeit erleichtern können.

Falls Ihr Einkommen unregelmäßig ist, z. B. weil Sie freiberuflich arbeiten, empfiehlt es sich, den Durchschnitt der letzten sechs Monate als Grundlage für Ihre Budgetplanung zu verwenden. Auf diese Weise verhindern Sie, dass Sie in Monaten mit höheren Einnahmen zu viel ausgeben und in mageren Monaten in finanzielle Engpässe geraten.

Der zweite Schritt: Ausgaben erfassen

Nachdem Sie Ihre Einnahmen genau erfasst haben, ist es ebenso wichtig, einen detaillierten Überblick über Ihre Ausgaben zu bekommen. In vielen Fällen sind es nicht die großen Ausgaben, die unser Budget sprengen, sondern die kleinen, die sich unbemerkt anhäufen. Eine Tasse Kaffee hier, ein Snack dort – im Laufe eines Monats summieren sich solche scheinbar unbedeutenden Ausgaben zu beträchtlichen Beträgen. Deshalb ist es entscheidend, jeden Cent zu dokumentieren.

Was zählt zu den Ausgaben?

Zu den Ausgaben zählen sämtliche Zahlungen, die Sie im Alltag leisten. Diese lassen sich grob in zwei Kategorien einteilen:

Fixkosten:
Dies sind regelmäßige Ausgaben, die jeden Monat anfallen und deren Höhe weitgehend konstant bleibt. Dazu gehören:
- Miete oder Hypothek: Ihre monatlichen Wohnkosten, ob für die Miete einer Wohnung oder die Abzahlung eines Immobilienkredits.
- Nebenkosten: Dazu zählen Wasser, Strom, Gas, Müllgebühren und andere Haushaltskosten, die in regelmäßigen Abständen fällig werden.
- Versicherungen: Krankenkasse, Haftpflichtversicherung, Kfz-Versicherung und andere monatliche Versicherungsbeiträge.
- Abonnements: Dazu gehören Handyverträge, Streaming-Dienste, Mitgliedschaften im Fitnessstudio oder andere wiederkehrende Abonnements.
- Schuldenrückzahlungen: Falls Sie Kredite abzahlen, zählen auch diese zu den Fixkosten.

Variable Kosten:
Diese Ausgaben können von Monat zu Monat schwanken und umfassen:
- Lebensmittel: Die Kosten für den wöchentlichen Einkauf variieren häufig, abhängig von Essgewohnheiten oder Sonderangeboten.
- Freizeit und Unterhaltung: Kino, Restaurants, Freizeitaktivitäten – solche Ausgaben sind oft schwer vorherzusehen, aber dennoch ein wichtiger Teil Ihres Budgets.
- Transport: Benzinkosten, Wartung des Autos oder Tickets für öffentliche Verkehrsmittel.
- Kleidung und Haushaltswaren: Einkäufe, die unregelmäßig, aber dennoch regelmäßig anfallen.
- Gesundheitskosten: Arztbesuche, Medikamente oder andere gesundheitliche Ausgaben.

So erfassen Sie Ihre Ausgaben

Die genaue Erfassung Ihrer Ausgaben erfordert Sorgfalt und Disziplin. Ein einfacher Ansatz ist es, Ihre Ausgaben mindestens einen Monat lang detailliert zu dokumentieren. Es gibt verschiedene Methoden, dies zu tun:
- Quittungen und Belege sammeln: Sammeln Sie für jeden Kauf, den Sie tätigen, einen Beleg oder eine Quittung. Am Ende des Monats können Sie diese Dokumente auswerten und die Ausgaben in verschiedene Kategorien einteilen.
- Kontobewegungen analysieren: Wenn Sie hauptsächlich mit Kreditkarten oder per Banküberweisung bezahlen, können Sie Ihre Kontoauszüge als Ausgangspunkt für die Erfassung Ihrer Ausgaben verwenden. Viele Banken bieten heute auch

Apps an, die Ihre Ausgaben automatisch in Kategorien einteilen.
- Budget-Apps nutzen: Es gibt zahlreiche Apps, die Ihnen das Erfassen von Ausgaben erleichtern. Diese Anwendungen ermöglichen es Ihnen, jede Ausgabe sofort zu erfassen und automatisch in die entsprechende Kategorie einzuordnen. Einige Apps synchronisieren sich direkt mit Ihrem Bankkonto, sodass Sie keine Transaktion verpassen.

Die Erfassung von Ausgaben erfordert Disziplin und Konsequenz. Am besten beginnen Sie, indem Sie jede Ihrer Ausgaben – ob groß oder klein – mindestens einen Monat lang aufschreiben. Nutzen Sie dafür eine Tabellenkalkulation oder eine Budget-App, die Sie täglich befüllen. Es kann anfangs lästig wirken, aber diese tägliche Routine wird Ihnen bald helfen, die Kontrolle über Ihre Finanzen zurückzugewinnen.

Eine weitere Methode ist das Sammeln von Quittungen und Kontoauszügen. Sie können diese Dokumente systematisch durchsehen und die Ausgaben in Kategorien einteilen. Es ist auch hilfreich, Ihre Ausgaben in fixe und variable Kategorien zu unterteilen, um genau zu sehen, welche Bereiche Ihres Lebens am meisten Flexibilität bieten und wo Sie Einsparungen vornehmen könnten.

Wenn Sie Bargeld verwenden, sollten Sie besonders wachsam sein, da es leicht ist, den Überblick zu verlieren. Eine einfache Lösung hierfür ist, einen bestimmten Betrag als Bargeldbudget festzulegen und dieses in verschiedene Kategorien aufzuteilen – so vermeiden Sie spontane und unüberlegte Ausgaben.

Finanzielle Ziele setzen

Der Schlüssel zu finanzieller Freiheit liegt in der Kunst, klare und realistische Ziele zu setzen. Ohne finanzielle Ziele gleicht das Managen von Finanzen einer Reise ohne Ziel – Sie könnten Geld sparen oder investieren, aber ohne klare Orientierung, was Sie erreichen wollen. Finanzielle Ziele helfen Ihnen dabei, die Prioritäten zu bestimmen, und leiten Sie durch jeden Schritt Ihres Budgetierungsprozesses. Sie geben Ihrer finanziellen Planung Struktur und sorgen dafür, dass Sie sich auf das konzentrieren, was Ihnen wirklich wichtig ist.

In diesem Kapitel erfahren Sie, warum das Setzen von finanziellen Zielen entscheidend ist, wie Sie realistische und erreichbare Ziele formulieren und wie Sie Ihren Fortschritt überwachen können. Wir schauen uns an, wie man kurzfristige, mittelfristige und langfristige Ziele definiert und welche Schritte notwendig sind, um diese erfolgreich zu erreichen. Mit einem klaren Ziel vor Augen können Sie Ihre Finanzen bewusst steuern und sind auf dem besten Weg zu einem selbstbestimmten und finanziell stabilen Leben.

Warum finanzielle Ziele so wichtig sind

Finanzielle Ziele sind entscheidend, weil sie Ihnen Orientierung geben und als Antrieb dienen, um Ihren Budgetierungsplan diszipliniert zu verfolgen. Sie helfen Ihnen, das große Ganze im Blick zu behalten, auch wenn Sie sich im Alltag mit kleineren finanziellen Herausforderungen konfrontiert sehen. Ohne klar definierte Ziele verlieren viele Menschen schnell die Motivation, wenn es um Sparen, Investieren oder Schuldenabbau geht. Mit klaren Zielen haben Sie hingegen einen konkreten Fahrplan, an dem Sie sich orientieren können.

Darüber hinaus geben finanzielle Ziele Ihnen die Möglichkeit, Ihre Prioritäten besser zu verstehen. Was möchten Sie wirklich erreichen? Ist es das Sparen für den Ruhestand, der Abbau von Schulden oder vielleicht die Finanzierung einer Weltreise? Wenn Sie Ihre Ziele festgelegt haben, fällt es Ihnen leichter, auf unwichtige Ausgaben zu verzichten und sich auf das Wesentliche zu konzentrieren. Gleichzeitig vermeiden Sie das Gefühl, im Dunkeln zu tappen, da Sie immer einen klaren Weg vor sich haben, der Sie zu Ihren finanziellen Träumen führt.

SMARTe Ziele – Der richtige Ansatz

Finanzielle Ziele zu setzen, ist eine Sache; die richtigen, erreichbaren Ziele zu formulieren, eine andere. Viele Menschen scheitern, weil sie zu vage oder unrealistische Ziele festlegen. Um das zu verhindern, gibt es eine bewährte Methode: das SMART-Prinzip. Dieses Prinzip hilft Ihnen, Ziele zu definieren, die spezifisch, messbar, erreichbar, relevant und termingebunden sind. Diese fünf Kriterien helfen Ihnen, das Ziel klar und strukturiert zu formulieren und sicherzustellen, dass Sie es auch tatsächlich erreichen können.

1. Spezifisch (Specific): Ein Ziel muss klar und konkret definiert sein. Statt „Ich will mehr sparen" sollten Sie „Ich will 5.000 Euro für eine Notfallreserve sparen" formulieren. So wissen Sie genau, was Sie erreichen wollen.
2. Messbar (Measurable): Ein Ziel sollte immer messbar sein, damit Sie Ihren Fortschritt nachverfolgen können. Wie viel Geld möchten Sie sparen, wie hoch soll die monatliche Rücklage sein? Diese Fragen müssen Sie beantworten, um Ihr Ziel messbar zu machen.
3. Erreichbar (Achievable): Es ist wichtig, dass Ihre Ziele realistisch sind. Ein Ziel wie „Ich will in einem Jahr Millionär sein" ist für die meisten Menschen unrealistisch. Stattdessen

sollten Sie sich auf machbare, aber ambitionierte Ziele konzentrieren.
4. Relevant (Relevant): Das Ziel muss für Sie persönlich wichtig sein. Fragen Sie sich: „Warum will ich dieses Ziel erreichen? Wie wird es mein Leben verbessern?" Ein Ziel, das für Sie relevant ist, wird Sie motivieren, es auch zu erreichen.
5. Termingebunden (Time-bound): Setzen Sie sich immer eine klare Frist. Ohne einen festgelegten Zeitraum bleibt ein Ziel oft unerreicht. Wenn Sie zum Beispiel sagen: „Ich möchte innerhalb von zwei Jahren 10.000 Euro für den Kauf eines Autos sparen", haben Sie einen klaren Zeitrahmen, in dem Sie arbeiten können.

Durch die Anwendung des SMART-Prinzips haben Sie nicht nur ein klares Verständnis davon, was Sie erreichen wollen, sondern auch einen Plan, wie Sie es erreichen können.

Kurzfristige, mittelfristige und langfristige Ziele

Finanzielle Ziele lassen sich in verschiedene Kategorien einteilen, abhängig davon, wie viel Zeit Sie benötigen, um sie zu erreichen. Jede dieser Kategorien hat ihre eigene Bedeutung und erfordert unterschiedliche Ansätze in der Budgetierung.

Kurzfristige Ziele (1 bis 2 Jahre)

Kurzfristige finanzielle Ziele sind solche, die Sie innerhalb eines Jahres oder maximal zwei Jahren erreichen können. Diese Ziele sind oft greifbarer und leichter zu planen, da sie in naher Zukunft liegen. Beispiele für kurzfristige Ziele sind:
- Notfallfonds aufbauen: Ein Notfallfonds sollte idealerweise drei bis sechs Monatsgehälter abdecken, um unvorhergesehene Ausgaben wie Autoreparaturen oder medizinische Notfälle abzudecken. Das Aufbauen dieses

Fonds ist oft eines der ersten kurzfristigen Ziele, das Sie anstreben sollten.
- Schulden abbauen: Wenn Sie Konsumkredite, Kreditkartenschulden oder andere kurzfristige Verbindlichkeiten haben, kann der Abbau dieser Schulden ein wesentliches kurzfristiges Ziel sein. Schulden zu reduzieren entlastet nicht nur Ihr Budget, sondern auch Ihre mentale Last.
- Eine Anschaffung finanzieren: Vielleicht möchten Sie ein neues Möbelstück kaufen, ein Urlaubsziel besuchen oder eine kleinere Renovierung vornehmen. Dies sind Ziele, die sich oft innerhalb eines Jahres durch gezieltes Sparen realisieren lassen.

Für kurzfristige Ziele ist es wichtig, einen klaren Plan zu haben, wie viel Sie monatlich sparen müssen, um das Ziel innerhalb des festgelegten Zeitraums zu erreichen. Da diese Ziele meist einen kleineren finanziellen Umfang haben, sollten Sie sie in Ihr monatliches Budget integrieren.

Mittelfristige Ziele (2 bis 5 Jahre)

Mittelfristige Ziele sind finanziell etwas größer und erfordern eine längere Planungsphase. Sie fallen in den Zeitraum von zwei bis fünf Jahren und beinhalten oft größere Investitionen oder finanzielle Meilensteine. Beispiele hierfür sind:
- Sparen für ein Auto: Wenn Sie vorhaben, ein Auto zu kaufen, ist dies typischerweise ein mittelfristiges Ziel. Abhängig vom Fahrzeugtyp und Ihrem Einkommen benötigen Sie mehrere Jahre, um genügend Geld anzusparen.
- Bildung und Weiterbildung: Wenn Sie planen, ein Studium oder eine Weiterbildung zu finanzieren, sei es für sich selbst oder Ihre Kinder, müssen Sie über einen längeren Zeitraum sparen.

- Hochzeit oder größere Feier: Größere Feiern wie Hochzeiten oder Jubiläen sind kostspielige Ereignisse, die oft ein mittelfristiges Sparziel darstellen. Sie erfordern eine langfristige Planung, um alle Ausgaben zu decken.
- Eigenkapital für den Immobilienkauf: Ein weiterer häufiger finanzieller Meilenstein ist das Ansparen von Eigenkapital für den Kauf einer Immobilie. Abhängig vom Immobilienmarkt und Ihren finanziellen Möglichkeiten kann es einige Jahre dauern, um das notwendige Eigenkapital anzusparen.

Mittelfristige Ziele erfordern oft mehr Disziplin und Weitsicht als kurzfristige Ziele. Hier ist es wichtig, einen soliden Sparplan zu erstellen und sicherzustellen, dass Sie Ihr Ziel nicht aus den Augen verlieren. Automatisiertes Sparen, bei dem monatlich ein fester Betrag auf ein separates Konto überwiesen wird, kann hier eine nützliche Strategie sein.

Langfristige Ziele (mehr als 5 Jahre)

Langfristige finanzielle Ziele haben den größten Einfluss auf Ihre finanzielle Zukunft. Sie erfordern eine lange Planungsphase und oft eine strategische Investition, um das gewünschte Ergebnis zu erzielen. Beispiele für langfristige Ziele sind:

- Ruhestandsvorsorge: Der Aufbau eines Rentenportfolios ist das langfristigste Ziel für die meisten Menschen. Es ist wichtig, frühzeitig mit der Altersvorsorge zu beginnen, um sicherzustellen, dass Sie genug Kapital aufbauen, um im Ruhestand gut leben zu können.
- Hauskauf: Der Kauf einer Immobilie ist für viele Menschen eines der größten finanziellen Ziele ihres Lebens. Es erfordert nicht nur das Ansparen von Eigenkapital, sondern auch die langfristige Planung der Finanzierung und der laufenden Kosten.

- Vermögensaufbau durch Investitionen: Wenn Sie planen, ein größeres Vermögen aufzubauen, müssen Sie sich auf langfristige Investitionen wie Aktien, Fonds oder Immobilien konzentrieren. Diese Art von Investitionen benötigt Zeit, um sich auszuzahlen und erfordert eine geduldige und strategische Herangehensweise.

Langfristige Ziele haben oft die größte emotionale und finanzielle Bedeutung, da sie den Lebensstil im Alter und die finanzielle Sicherheit langfristig beeinflussen. Hier ist es besonders wichtig, Ihre Fortschritte regelmäßig zu überprüfen und sicherzustellen, dass Sie auf dem richtigen Weg sind.

Finanzielle Ziele priorisieren

Es ist normal, dass Sie mehr als ein finanzielles Ziel gleichzeitig haben. Umso wichtiger ist es, diese Ziele zu priorisieren und herauszufinden, welche Ziele für Sie am wichtigsten sind. Wenn Sie zum Beispiel gleichzeitig einen Notfallfonds aufbauen, Schulden abbauen und für eine größere Anschaffung sparen möchten, müssen Sie entscheiden, welches Ziel Vorrang hat.

Das eigene Ausgabeverhalten analysieren

Der Weg zur finanziellen Freiheit beginnt mit einem tiefen Verständnis der eigenen finanziellen Situation. Ein wesentlicher Teil dieses Prozesses ist die Analyse des persönlichen Ausgabeverhaltens. Wie Sie Ihr Geld ausgeben, spiegelt nicht nur Ihre aktuellen finanziellen Prioritäten wider, sondern kann auch langfristige Auswirkungen auf Ihre finanzielle Gesundheit haben. Viele Menschen neigen dazu, ihre Ausgaben zu unterschätzen oder bestimmte Verhaltensmuster nicht zu erkennen, die sie daran hindern, ihre finanziellen Ziele zu erreichen.

In diesem Kapitel werden wir detailliert erläutern, wie Sie Ihr Ausgabeverhalten systematisch analysieren können. Wir betrachten, warum es wichtig ist, diese Analyse durchzuführen, welche Werkzeuge und Methoden Ihnen dabei helfen und wie Sie Ihre Erkenntnisse nutzen können, um ein bewusstes und nachhaltiges Budget zu erstellen. Das Ziel ist es, unbewusste Ausgabenmuster aufzudecken, unnötige Ausgaben zu reduzieren und den Weg zu einer besseren finanziellen Planung zu ebnen.

Warum die Analyse des Ausgabeverhaltens wichtig ist

Für viele Menschen ist das größte Hindernis auf dem Weg zur finanziellen Freiheit ihr eigenes Ausgabeverhalten. Selbst wenn Sie ein gutes Einkommen haben, kann es sein, dass Sie am Ende des Monats überrascht sind, wie wenig Geld übrig bleibt. Oft liegt dies nicht an den offensichtlichen, großen Ausgaben, sondern an den vielen kleinen, unbewussten Käufen, die sich summieren.

Die Analyse Ihres Ausgabeverhaltens hilft Ihnen, Ihre finanziellen Gewohnheiten besser zu verstehen. Sie werden entdecken, wo Ihr Geld tatsächlich hinfließt, und in welchen Bereichen Sie Einsparungen vornehmen können, ohne Ihren Lebensstandard drastisch zu senken. Diese Analyse ist der Schlüssel, um bewusste finanzielle Entscheidungen zu treffen und langfristige finanzielle Stabilität zu erreichen.

Es gibt zahlreiche Gründe, warum eine detaillierte Untersuchung Ihrer Ausgaben wichtig ist:

- Bewusstsein schaffen: Viele Menschen geben Geld aus, ohne sich dessen bewusst zu sein. Durch die Analyse Ihrer Ausgaben können Sie sehen, wie sich kleine Käufe über den Monat summieren und möglicherweise Ihre finanzielle Situation negativ beeinflussen.
- Versteckte Ausgaben aufdecken: Es gibt oft Ausgaben, die Sie übersehen oder unterschätzen. Dazu gehören automatische Abonnements, kleine tägliche Einkäufe oder Kreditkartengebühren. Diese versteckten Kosten können sich erheblich auf Ihr Budget auswirken.
- Besseres Verständnis für Prioritäten: Ihre Ausgaben sind ein direkter Spiegel Ihrer Prioritäten. Wenn Sie beispielsweise viel Geld für Freizeitaktivitäten oder Essen ausgeben, zeigt dies, dass diese Dinge einen hohen Stellenwert in Ihrem Leben haben. Durch die Analyse können Sie hinterfragen, ob diese Prioritäten wirklich im Einklang mit Ihren langfristigen Zielen stehen.
- Finanzielle Ziele erreichen: Die Kontrolle über Ihre Ausgaben ist der erste Schritt, um Ihre finanziellen Ziele zu erreichen. Indem Sie unnötige Ausgaben reduzieren, können Sie mehr Geld sparen oder in wichtige Bereiche investieren, wie beispielsweise in Ihre Altersvorsorge oder den Abbau von Schulden.
- Finanzielle Sicherheit: Ein gut durchdachter und bewusster Umgang mit Ihren Ausgaben führt zu einer stabileren

finanziellen Grundlage. Sie werden besser in der Lage sein, auf unerwartete Ausgaben zu reagieren und Ihre finanzielle Zukunft zu planen.

Die ersten Schritte zur Analyse des Ausgabeverhaltens

Die Analyse Ihres Ausgabeverhaltens beginnt mit der Erfassung aller Ausgaben, die Sie im Laufe eines bestimmten Zeitraums tätigen. Der häufigste Fehler, den Menschen machen, ist es, sich nur auf die großen, offensichtlichen Ausgaben zu konzentrieren und die kleineren, alltäglichen Ausgaben zu ignorieren. Diese kleinen Ausgaben summieren sich jedoch oft erheblich und haben einen großen Einfluss auf Ihr Budget.

Sammeln Sie alle Informationen
Bevor Sie mit der Analyse beginnen, müssen Sie eine vollständige Übersicht über Ihre Ausgaben erhalten. Dazu gehört:
Kontoauszüge und Kreditkartenabrechnungen: Nutzen Sie Ihre Kontoauszüge und Kreditkartenabrechnungen, um jede Ausgabe zu erfassen. Viele Banken bieten heute Online-Tools oder Apps an, die Ihre Transaktionen kategorisieren und Ihnen so einen besseren Überblick verschaffen.

- Quittungen und Belege: Wenn Sie häufig bar bezahlen, sollten Sie Quittungen sammeln und diese in Ihre Analyse einfließen lassen. Alternativ können Sie sich eine einfache Notiz-App auf Ihrem Smartphone installieren, um jede Barzahlung sofort zu erfassen.
- Verträge und Abonnements: Achten Sie auch auf wiederkehrende Zahlungen wie Abonnements, Versicherungen, Mitgliedschaften und andere Verpflichtungen, die regelmäßig von Ihrem Konto abgebucht werden.

Erstellen Sie eine Ausgabenliste
Sobald Sie alle Informationen gesammelt haben, erstellen Sie eine detaillierte Liste Ihrer Ausgaben. Diese Liste sollte alle Ausgaben über einen Zeitraum von mindestens einem Monat umfassen. Je länger der Zeitraum, desto genauer wird Ihre Analyse sein. Teilen Sie Ihre Ausgaben in Kategorien ein, um einen besseren Überblick zu erhalten. Typische Kategorien sind:

- Wohnen: Miete oder Hypothek, Nebenkosten (Strom, Wasser, Heizung), Instandhaltung.
- Lebensmittel: Einkäufe im Supermarkt, Restaurantbesuche, Snacks und Getränke außer Haus.
- Transport: Benzin, öffentliche Verkehrsmittel, Auto-Wartung, Versicherung.
- Freizeit und Unterhaltung: Kino, Theater, Sport, Streaming-Dienste, Hobbys.
- Versicherungen und Altersvorsorge: Krankenversicherung, Lebensversicherung, Altersvorsorgebeiträge.
- Schulden: Kreditkartenzahlungen, Raten für Kredite, Studienkredite.
- Sonstiges: Ungeplante Ausgaben, Geschenke, Haushaltsgegenstände.

Die Unterteilung Ihrer Ausgaben in Kategorien hilft Ihnen nicht nur, die Übersicht zu behalten, sondern zeigt Ihnen auch, in welchen Bereichen Sie möglicherweise Einsparungen vornehmen können.

Vergleichen Sie Ihre Ausgaben mit Ihrem Einkommen
Nachdem Sie eine vollständige Liste Ihrer Ausgaben erstellt haben, ist es wichtig, diese mit Ihren Einnahmen zu vergleichen. Hier erkennen Sie schnell, ob Ihre Ausgaben in einem vernünftigen Verhältnis zu Ihrem Einkommen stehen.

Wenn Sie regelmäßig mehr ausgeben, als Sie verdienen, leben Sie über Ihre Verhältnisse und sollten sofort Maßnahmen ergreifen, um dies zu korrigieren. Selbst wenn Ihre Ausgaben und Einnahmen im Gleichgewicht sind, sollten Sie prüfen, ob Sie genügend Spielraum haben, um Rücklagen zu bilden oder in Ihre finanziellen Ziele zu investieren.

Häufige Ausgabenfallen und wie man sie vermeidet

Bei der Analyse Ihres Ausgabeverhaltens werden Sie möglicherweise Muster und Gewohnheiten erkennen, die Ihr Budget belasten. Viele dieser Ausgaben sind unbewusst oder erscheinen auf den ersten Blick harmlos, können sich jedoch im Laufe der Zeit zu erheblichen Beträgen summieren. Hier sind einige der häufigsten Ausgabenfallen und Tipps, wie Sie sie vermeiden können:

Kleine tägliche Ausgaben

Kleine Ausgaben, die oft als "Alltagsluxus" bezeichnet werden, können sich im Laufe eines Monats erheblich summieren. Ein täglicher Kaffee auf dem Weg zur Arbeit, Snacks, Fast Food oder Getränke aus dem Automaten – all diese kleinen Käufe können sich unbemerkt auf Hunderte von Euro im Monat belaufen.

Lösung: Setzen Sie sich ein festes Budget für „kleine Extras" und halten Sie sich daran. Überlegen Sie, ob Sie diese Ausgaben reduzieren oder ganz eliminieren können. Bereiten Sie zum Beispiel Ihren Kaffee zu Hause vor oder nehmen Sie Snacks von zu Hause mit.

Abonnements und Mitgliedschaften

Viele Menschen haben ungenutzte oder selten genutzte Abonnements, sei es für Streaming-Dienste, Fitnessstudios oder Zeitschriften. Diese wiederkehrenden Zahlungen können Ihr Budget belasten, insbesondere wenn Sie den Dienst nicht regelmäßig nutzen.

Lösung: Überprüfen Sie Ihre Mitgliedschaften und Abonnements regelmäßig. Kündigen Sie alles, was Sie nicht aktiv nutzen, und suchen Sie nach günstigeren Alternativen.

Spontankäufe

Impulskäufe sind eine der größten Herausforderungen beim Budgetieren. Sie entstehen oft aus emotionalen Reaktionen, sei es aufgrund von Stress, Langeweile oder dem Wunsch nach sofortiger Belohnung. Diese ungeplanten Ausgaben können schnell außer Kontrolle geraten.

Lösung: Machen Sie eine Einkaufsliste und halten Sie sich daran. Lassen Sie spontane Käufe mindestens 24 Stunden „ruhen", bevor Sie eine Entscheidung treffen. Das gibt Ihnen Zeit, darüber nachzudenken, ob der Kauf wirklich notwendig ist.

Unbewusste Kreditkartennutzung

Die Verwendung von Kreditkarten kann dazu führen, dass Sie den Überblick über Ihre Ausgaben verlieren, da die sofortige finanzielle Belastung nicht spürbar ist. Kreditkarten verleiten oft zu höheren Ausgaben, da die psychologische Barriere beim Zahlen geringer ist als bei Bargeld.

Lösung: Nutzen Sie Kreditkarten nur für geplante und notwendige Ausgaben. Zahlen Sie den vollen Betrag am Monatsende zurück, um hohe Zinskosten zu vermeiden. Alternativ können Sie häufiger Bargeld verwenden, um ein besseres Gefühl für Ihre Ausgaben zu bekommen.

Werkzeuge zur Analyse des Ausgabeverhaltens

Um Ihr Ausgabeverhalten effektiv zu analysieren, gibt es zahlreiche Werkzeuge und Methoden, die Ihnen helfen, Ihre Finanzen im Blick zu behalten. Von manuellen Methoden bis hin zu digitalen Tools bietet der Markt eine Vielzahl von Optionen, die es Ihnen erleichtern, Ihre Ausgaben zu verfolgen, zu kategorisieren und zu bewerten. Je nachdem, wie komfortabel Sie mit Technik sind und wie detailliert Sie Ihre Finanzen analysieren möchten, gibt es für jeden Bedarf das passende Hilfsmittel. In diesem Abschnitt gehen wir auf die besten Werkzeuge und Techniken ein, die Ihnen bei der Analyse Ihrer Ausgaben helfen können.

Manuelle Erfassung

Die manuelle Erfassung Ihrer Ausgaben ist eine der einfachsten und zugleich wirksamsten Methoden, um ein Bewusstsein für Ihr Ausgabeverhalten zu entwickeln. Sie können dies mithilfe von Notizbüchern, Tabellenkalkulationen oder speziellen Vorlagen tun.

- Notizbuch: Ein klassisches Notizbuch bietet eine einfache und flexible Möglichkeit, alle Ihre täglichen Ausgaben festzuhalten. Indem Sie jeden Kauf aufschreiben, trainieren Sie sich darauf, bewusster zu konsumieren. Ein Notizbuch erfordert Disziplin und regelmäßige Pflege, aber es bietet eine sehr direkte und greifbare Methode, um den Überblick über Ihre Finanzen zu behalten.
- Tabellenkalkulation (Excel, Google Sheets): Die manuelle Erfassung Ihrer Ausgaben in einer Tabellenkalkulation wie

Excel oder Google Sheets ermöglicht eine detaillierte und personalisierte Analyse. Sie können Kategorien erstellen, Summen berechnen und sogar Diagramme und Grafiken erstellen, um Ihre Ausgaben visuell darzustellen. Der Vorteil dieser Methode ist die Flexibilität, da Sie die Kategorien und Formeln an Ihre spezifischen Bedürfnisse anpassen können. Zudem ist diese Methode kostenlos, sofern Sie bereits Zugang zu einer Tabellenkalkulationssoftware haben.

- Vorlagen und Budgethefte: Viele Finanzexperten und Websites bieten vorgefertigte Budgetvorlagen an, die Ihnen helfen, Ihre Ausgaben zu organisieren. Diese Vorlagen sind oft so gestaltet, dass sie die gängigsten Ausgabenkategorien abdecken und die monatlichen Summen automatisch berechnen. Ein Budgetheft oder eine Vorlage kann besonders nützlich sein, wenn Sie keine komplizierte Software nutzen möchten, aber dennoch eine strukturierte Übersicht benötigen.

Vorteile der manuellen Erfassung:
- Fördert bewusstes Konsumverhalten durch aktives Aufschreiben
- Flexibel und individuell anpassbar
- Geringe oder keine Kosten
- Sie behalten die volle Kontrolle über Ihre Daten

Nachteile:
- Zeitaufwendig, da Sie jede Ausgabe manuell eingeben müssen
- Keine automatisierte Auswertung oder Erinnerung
- Fehleranfällig bei Berechnungen, wenn keine Formeln genutzt werden

Digitale Apps und Software

In der digitalen Welt gibt es eine Fülle von Apps und Softwarelösungen, die speziell darauf ausgelegt sind, Ihnen zu helfen, Ihr Ausgabeverhalten zu überwachen und zu analysieren. Diese Tools bieten nicht nur Bequemlichkeit, sondern auch detaillierte Einblicke in Ihre Ausgaben und oft Funktionen zur Automatisierung und Planung. Hier sind einige der beliebtesten Apps und Programme, die Sie nutzen können:

Budget-Apps
- YNAB (You Need A Budget): YNAB ist eine der beliebtesten Budgetierungs-Apps und basiert auf einem Zero-Based-Budgeting-Ansatz. Bei diesem Ansatz erhält jeder Euro, den Sie verdienen, einen bestimmten Zweck, sei es für Ausgaben, Sparziele oder Schuldenabbau. YNAB hilft Ihnen, Ihre Ausgaben zu kategorisieren, Budgets zu erstellen und Ihren Fortschritt zu verfolgen. Die App bietet auch umfangreiche Schulungsmaterialien und Tipps zur Verbesserung Ihres finanziellen Verhaltens. Zudem können Sie Ihre Bankkonten direkt mit der App verbinden, sodass Transaktionen automatisch erfasst werden.
- Mint: Mint ist eine kostenlose App, die Ihre Konten, Kreditkarten und Investitionen in einer einzigen Plattform zusammenführt. Sie ermöglicht eine automatische Kategorisierung Ihrer Ausgaben und gibt Ihnen eine Übersicht darüber, wo Ihr Geld hinfließt. Mint bietet auch Benachrichtigungen, wenn Sie sich Ihrem Budgetlimit nähern oder Rechnungen fällig werden, und erstellt eine Kreditbewertung. Mint ist ideal für Einsteiger, die eine einfache und übersichtliche Methode zur Verwaltung ihrer Finanzen suchen.
- Fintonic: Diese App ist besonders in Europa und Südamerika beliebt. Sie verbindet Ihre Konten und hilft Ihnen dabei, Ihre

Ausgaben zu analysieren. Fintonic bietet zusätzlich eine Bonitätsprüfung und Tipps, wie Sie Ihre Finanzen besser managen können.

Spezialisierte Ausgaben-Tracking-Apps
- Spendee: Spendee ist eine benutzerfreundliche App, die es Ihnen ermöglicht, Ihre Ausgaben nach Kategorien zu verfolgen und Budgets für verschiedene Bereiche wie Freizeit, Lebensmittel und Wohnen festzulegen. Die App bietet auch die Möglichkeit, mehrere Geldbörsen zu erstellen, um private und geschäftliche Ausgaben zu trennen. Spendee synchronisiert sich mit Ihren Bankkonten, aber Sie können Ausgaben auch manuell hinzufügen, wenn Sie bar bezahlen.
- Wallet: Die Wallet-App bietet eine ähnliche Funktionalität wie Spendee, erlaubt aber eine noch detailliertere Anpassung und Verwaltung Ihrer Finanzen. Sie können Budgets, Sparziele und Ausgabenkategorien erstellen und verfolgen, wie gut Sie in diesen Bereichen abschneiden. Wallet ist besonders für Nutzer geeignet, die eine präzise und tiefgehende Analyse ihres Ausgabeverhaltens wünschen.

Vorteile digitaler Apps:
- Automatische Kategorisierung und Auswertung Ihrer Ausgaben
- Synchronisation mit Ihren Bankkonten für Echtzeit-Updates
- Benachrichtigungen und Erinnerungen zur Einhaltung Ihres Budgets
- Grafiken und Diagramme für eine visuelle Darstellung Ihrer Finanzen

Nachteile:
- Einige Apps erheben Gebühren oder bieten erweiterte Funktionen nur im kostenpflichtigen Abo an

- Sie müssen bereit sein, Ihre Bankdaten zu teilen, was für einige Nutzer ein Datenschutzrisiko darstellt
- Erfordert technisches Verständnis und regelmäßige Nutzung, um den vollen Nutzen zu ziehen

Bank-Tools und Online-Banking

Viele Banken bieten inzwischen eigene Tools zur Ausgabenverfolgung und Budgetplanung an. Diese sind oft direkt in das Online-Banking integriert und bieten eine einfache Möglichkeit, Ihre Ausgaben ohne zusätzliche Apps oder Software zu überwachen.

- Automatische Kategorisierung: Die meisten modernen Banken bieten eine automatische Kategorisierung Ihrer Transaktionen an. Diese Funktion teilt Ihre Ausgaben automatisch in Kategorien wie Lebensmittel, Wohnen, Freizeit usw. ein. So erhalten Sie schnell einen Überblick darüber, wo Ihr Geld hingeht, und müssen keine separaten Tools verwenden.
- Ausgabenberichte: Einige Banken bieten monatliche oder wöchentliche Ausgabenberichte, die Ihnen eine detaillierte Übersicht Ihrer Transaktionen bieten. Diese Berichte zeigen Ihnen, wie sich Ihre Ausgaben im Vergleich zu vorherigen Monaten entwickelt haben und geben Ihnen so wertvolle Hinweise darauf, ob Sie auf dem richtigen Weg sind.
- Spar- und Budgetziele: Einige Bank-Tools ermöglichen es Ihnen, spezifische Sparziele zu setzen und automatische Überweisungen auf separate Sparkonten zu tätigen. Auf diese Weise können Sie sicherstellen, dass Sie regelmäßig Geld für größere Anschaffungen oder Notfälle beiseitelegen.

Vorteile von Bank-Tools:
- Keine zusätzlichen Apps oder Software erforderlich

- Automatische Synchronisation Ihrer Transaktionen
- Sicherer Zugang direkt über Ihre Bank
- Oft kostenlos in den Bankdienstleistungen enthalten

Nachteile:
- Nicht alle Banken bieten umfangreiche Funktionen zur Ausgabenverfolgung an
- Möglicherweise weniger flexibel als spezialisierte Apps
- Keine umfassenden Analysewerkzeuge oder Visualisierungen wie bei anderen Tools

Cashflow-Management-Tools

Wenn Sie sich intensiver mit der Verwaltung Ihres Cashflows beschäftigen wollen, können spezialisierte Tools wie Quicken oder Personal Capital eine gute Option sein. Diese Tools bieten eine erweiterte Funktionalität, die über das bloße Ausgaben-Tracking hinausgeht. Sie ermöglichen es Ihnen, Ihre gesamten Finanzen zu verwalten, einschließlich Investitionen, Schulden und langfristiger Sparpläne.

- Quicken: Quicken ist eine der umfassendsten Finanzsoftware-Lösungen und bietet eine detaillierte Übersicht über Ihre Einnahmen, Ausgaben, Investitionen und Schulden. Es ermöglicht Ihnen, Budgets zu erstellen, Ihre Ausgaben zu überwachen und langfristige finanzielle Ziele zu planen. Quicken eignet sich besonders für Nutzer, die eine tiefergehende Analyse ihrer Finanzen wünschen und bereit sind, dafür eine kostenpflichtige Lösung zu nutzen.
- Personal Capital: Personal Capital kombiniert Ausgabenverfolgung mit Investment-Management. Es bietet eine detaillierte Analyse Ihrer Ausgaben und hilft Ihnen gleichzeitig, Ihre Anlagen zu überwachen und zu verwalten. Personal Capital richtet sich an Nutzer, die sowohl ihre

täglichen Ausgaben als auch ihre langfristigen Vermögensziele im Blick behalten wollen.

Vorteile von Cashflow-Management-Tools:
- Detaillierte und umfassende Analyse Ihrer gesamten Finanzen
- Integration von Ausgaben, Investitionen und Schuldenmanagement
- Langfristige Planung und Prognosen

Nachteile:
- Oft kostenpflichtig oder erfordern ein Abonnement
- Komplexere Benutzeroberfläche, die etwas Eingewöhnung erfordert
- Nicht für jeden geeignet, insbesondere wenn Sie nur Ihre Ausgaben analysieren wollen

Entwicklung eines individuellen Budgets

Ein gut durchdachtes Budget ist das Fundament jeder erfolgreichen finanziellen Strategie. Es ist nicht nur ein einfacher Plan, der Einnahmen und Ausgaben abgleicht, sondern vielmehr ein bewusstes Instrument, um die Kontrolle über die eigenen Finanzen zu erlangen und langfristig finanzielle Freiheit zu erreichen. Ein individuelles Budget ist dabei weit mehr als eine starre Liste von Ausgaben – es spiegelt Ihre persönlichen Ziele, Werte und Prioritäten wider.
In diesem Kapitel werden wir den Prozess der Entwicklung eines individuellen Budgets Schritt für Schritt durchgehen. Sie lernen, wie Sie Ihre Einnahmen und Ausgaben realistisch einschätzen, finanzielle Ziele definieren und Ihr Geld so planen, dass Sie nicht nur den Alltag gut bewältigen, sondern auch langfristig Vermögen aufbauen können. Die Entwicklung eines Budgets mag auf den ersten Blick einschüchternd wirken, doch mit der richtigen Herangehensweise wird es zu einem mächtigen Werkzeug, das Ihnen hilft, finanzielle Stabilität zu schaffen und Ihre Träume in die Realität umzusetzen.

Ob Sie Schulden abbauen, für größere Anschaffungen sparen oder Ihre Altersvorsorge aufbauen möchten – ein Budget gibt Ihnen die Klarheit und den Rahmen, den Sie brauchen, um Ihre finanziellen Ziele zu erreichen. Die Herausforderung besteht darin, ein Budget zu entwickeln, das flexibel genug ist, um auf Veränderungen im Leben zu reagieren, aber zugleich diszipliniert genug, um Sie auf Kurs zu halten. In diesem Kapitel zeigen wir Ihnen, wie Sie diese Balance finden und ein Budget erstellen, das genau zu Ihren Bedürfnissen und Ihrer Lebenssituation passt.

Budgetierungsmethoden im Überblick

In der Welt der persönlichen Finanzen gibt es nicht den einen richtigen Weg, um ein Budget zu erstellen. Unterschiedliche Menschen haben unterschiedliche finanzielle Situationen, Prioritäten und Ziele. Daher gibt es verschiedene Budgetierungsmethoden, die Ihnen dabei helfen können, Ihre Finanzen in den Griff zu bekommen und Ihre finanziellen Ziele zu erreichen. In diesem Kapitel werfen wir einen detaillierten Blick auf einige der beliebtesten und bewährtesten Budgetierungsmethoden. Sie werden erfahren, wie jede Methode funktioniert, welche Vor- und Nachteile sie bietet und welche am besten zu Ihrer Situation passen könnte.

Die Wahl der richtigen Budgetierungsmethode hängt von Ihren individuellen Bedürfnissen ab: Möchten Sie Ihre Schulden abbezahlen? Wollen Sie effizient sparen? Oder möchten Sie einfach mehr Kontrolle über Ihre täglichen Ausgaben? Durch die Auseinandersetzung mit den verschiedenen Budgetierungsansätzen können Sie herausfinden, welche Methode für Sie am effektivsten ist, um finanzielle Stabilität und langfristige Freiheit zu erreichen.

Die 50/30/20-Regel

Die 50/30/20-Regel ist eine der einfachsten und gleichzeitig effektivsten Methoden, um ein Budget zu erstellen und langfristig finanzielle Freiheit zu erreichen. Sie basiert auf einer klaren und unkomplizierten Aufteilung des verfügbaren Einkommens in drei Hauptkategorien: Lebensnotwendigkeiten, Wünsche und Sparen sowie Schuldenabbau.

Diese Budgetierungsmethode hat ihren Ursprung im Buch „All Your Worth: The Ultimate Lifetime Money Plan" von Elizabeth Warren, einer renommierten US-amerikanischen Politikerin und Professorin. Die Methode wurde entwickelt, um den Menschen dabei zu helfen, ihre Finanzen so zu planen, dass sie gleichzeitig ihre Grundbedürfnisse decken, ihre Lebensqualität erhalten und für die Zukunft vorsorgen können.

In diesem Kapitel werden wir die 50/30/20-Regel detailliert betrachten: Wir erklären, wie sie funktioniert, welche Vorteile sie bietet, welche potenziellen Herausforderungen sie mit sich bringt und wie Sie sie am besten auf Ihre persönliche finanzielle Situation anwenden können. Darüber hinaus zeigen wir Ihnen praktische Tipps und Beispiele, um die Methode optimal in Ihren Alltag zu integrieren.

Die Grundlagen der 50/30/20-Regel

Die 50/30/20-Regel teilt Ihr Nettoeinkommen – also das Geld, das Sie nach Steuern und Sozialabgaben tatsächlich zur Verfügung haben – in drei klare Bereiche auf:

50 % für Grundbedürfnisse

iese Kategorie umfasst alle lebensnotwendigen Ausgaben, die Sie nicht vermeiden können. Dazu gehören Miete oder Hypothekenzahlungen, Lebensmittel, Versorgungsleistungen (Strom, Wasser, Gas), Versicherungen, Transport und andere wesentliche Kosten wie die Rückzahlung von Darlehen oder Schulden.

30 % für Wünsche
Hierzu zählen alle Ausgaben, die nicht unbedingt notwendig sind, aber Ihr Leben angenehmer gestalten. Dazu gehören Freizeitaktivitäten, Restaurantbesuche, Unterhaltung (wie Kinobesuche oder Streaming-Abonnements), Reisen und andere persönliche Ausgaben, die nicht zwingend für den Alltag notwendig sind.

20 % für Sparen und Schuldenabbau
Der dritte Teil Ihres Budgets sollte für die finanzielle Zukunft reserviert sein. Dies umfasst das Sparen für Notfälle, das Anlegen in Altersvorsorgekonten, Investitionen und das Tilgen von Schulden (abgesehen von lebensnotwendigen Schulden wie Hypothekenzahlungen, die unter den 50 % fallen).

Warum funktioniert die 50/30/20-Regel?

Die Stärke der 50/30/20-Regel liegt in ihrer Einfachheit und Flexibilität. Sie gibt klare Richtlinien vor, wie Sie Ihr Einkommen aufteilen sollten, ohne dass Sie jedes kleinste Detail Ihrer Ausgaben überwachen müssen. Dadurch bietet sie eine Struktur, die Ihnen hilft, ein finanziell ausgewogenes Leben zu führen, ohne sich übermäßig eingeschränkt zu fühlen.
Ein weiterer Vorteil ist, dass die Regel sowohl kurzfristige als auch langfristige Ziele abdeckt. Indem Sie 20 % Ihres Einkommens sparen oder in Schuldenabbau investieren, stellen Sie sicher, dass Sie nicht nur Ihre aktuellen Bedürfnisse decken, sondern auch für die Zukunft vorsorgen.

Außerdem hilft die 50/30/20-Regel dabei, den Überblick über Ihre Finanzen zu behalten und finanzielle Disziplin zu entwickeln. Viele Menschen verlieren den Überblick über ihre Ausgaben, weil sie keine klaren Kategorien oder Prioritäten setzen. Die 50/30/20-Regel löst dieses Problem, indem sie Ihnen einen festen Rahmen bietet, an dem Sie sich orientieren können.

Anwendung der 50/30/20-Regel

Um die 50/30/20-Regel in Ihrem Leben umzusetzen, müssen Sie zunächst Ihr monatliches Nettoeinkommen berechnen. Dazu zählen alle regelmäßigen Einnahmen, die Sie nach Steuern und Sozialabgaben zur Verfügung haben. Wenn Sie ein schwankendes Einkommen haben (z. B. als Freiberufler oder Selbstständiger), sollten Sie einen durchschnittlichen Monatswert aus Ihren letzten Einnahmen berechnen.

Sobald Sie Ihr Nettoeinkommen kennen, teilen Sie es wie folgt auf:

50 % für Grundbedürfnisse
Die Grundbedürfnisse machen den größten Teil Ihres Budgets aus. Dazu gehören:
- Miete oder Hypothekenzahlungen: Diese sind in der Regel die größten monatlichen Ausgaben. Es ist wichtig, dass Ihre Wohnkosten 30 % Ihres Nettoeinkommens nicht übersteigen, um Raum für andere wichtige Ausgaben zu lassen.
- Lebensmittel: Diese Kategorie umfasst sowohl den Einkauf von Lebensmitteln als auch regelmäßige Haushaltsprodukte.
- Versorgungsleistungen: Gas, Strom, Wasser, Internet und Telefonkosten fallen in diesen Bereich.
- Versicherungen: Dazu gehören notwendige Versicherungen wie Krankenversicherung, Autoversicherung, Haftpflichtversicherung und Berufsunfähigkeitsversicherung.

- Transport: Kosten für öffentliche Verkehrsmittel, Benzin, Autowartung und Versicherungen fallen unter diese Kategorie.
- Rückzahlung von Schulden: Wenn Sie Kredite oder Schulden haben, die Sie abbezahlen müssen (z. B. Autokredite), sollten diese ebenfalls in die Grundbedürfnisse einbezogen werden.

Wenn Ihre Ausgaben in dieser Kategorie mehr als 50 % Ihres Einkommens ausmachen, ist es ratsam, Ihre Ausgaben zu überprüfen und herauszufinden, ob es Bereiche gibt, in denen Sie Einsparungen vornehmen können. Es könnte sinnvoll sein, nach günstigeren Wohnmöglichkeiten zu suchen, Versicherungen zu optimieren oder die monatlichen Fixkosten zu senken.

30 % für Wünsche
Die Wünsche sind der Bereich, in dem Sie etwas mehr Freiheit und Flexibilität haben. Diese Kategorie umfasst:
- Freizeitaktivitäten: Kinobesuche, Ausflüge, Sportveranstaltungen und andere Aktivitäten, die Sie gerne in Ihrer Freizeit unternehmen.
- Unterhaltung: Streaming-Dienste wie Netflix, Spotify oder Gaming-Abonnements fallen in diese Kategorie.
- Reisen und Urlaub: Sparen für Urlaubsreisen oder Wochenendtrips gehört ebenfalls zu den Wünschen.
- Essen gehen und Bestellen: Restaurantbesuche, Take-Away und Kaffeekäufe zählen zu den Ausgaben, die nicht unbedingt notwendig sind, aber Ihren Alltag bereichern.

Es ist wichtig, sich bewusst zu machen, dass diese Kategorie flexibel ist und dass Sie hier die Kontrolle darüber haben, wie viel Sie ausgeben. Falls Sie merken, dass Ihre Ausgaben in dieser Kategorie überhandnehmen, können Sie jederzeit anpassen, um Ihre finanzielle Situation zu stabilisieren.

20 % für Sparen und Schuldenabbau

Der letzte und vielleicht wichtigste Teil der 50/30/20-Regel ist das Sparen und der Schuldenabbau. Diese 20 % sollten dafür verwendet werden, um:

- Notfallfonds aufzubauen: Ein Notfallfonds sollte mindestens drei bis sechs Monate Ihrer Lebenshaltungskosten abdecken, um unerwartete Ausgaben wie medizinische Notfälle oder Jobverlust abzufedern.
- Altersvorsorge: Beiträge zu Rentenversicherungen oder anderen Vorsorgeplänen fallen in diese Kategorie. Je früher Sie mit dem Sparen für die Rente beginnen, desto mehr profitieren Sie langfristig von Zinseszinsen.
- Investitionen: Investitionen in Aktien, Anleihen oder Immobilien sind eine hervorragende Möglichkeit, langfristig Vermögen aufzubauen.
- Schuldenabbau: Falls Sie Konsumschulden oder Kredite haben, sollten Sie den Großteil dieser 20 % in den Abbau dieser Schulden stecken. Schulden mit hohen Zinsen sollten prioritär zurückgezahlt werden.

Diese 20 % sorgen dafür, dass Sie finanziell abgesichert sind und sich langfristig Vermögen aufbauen können.

Zero-Based Budgeting

Die Zero-Based Budgeting (ZBB)-Methode, auch als „Nullbasiertes Budgetieren" bekannt, ist eine äußerst präzise und effiziente Methode, um Ihre Finanzen zu planen. Im Gegensatz zu anderen Budgetierungstechniken, bei denen Sie Ausgaben auf Basis früherer Daten oder prozentualer Richtwerte festlegen, zwingt Sie Zero-Based Budgeting dazu, jeden Euro bewusst einzuplanen und für eine bestimmte Verwendung zuzuweisen. Am Ende des Monats sollte kein Geld „übrigbleiben", da jeder Cent, den Sie verdienen, eine Funktion erfüllt – sei es für Ausgaben, Sparen oder Investitionen.

Zero-Based Budgeting ist besonders hilfreich für Menschen, die ihre Ausgaben genau überwachen und kontrollieren wollen, um so finanziellen Spielraum zu schaffen oder gezielt Schulden abzubauen und Vermögen aufzubauen. Die Methode erfordert mehr Disziplin als einfachere Ansätze wie die 50/30/20-Regel, bietet jedoch auch erheblich mehr Kontrolle und Klarheit darüber, wohin Ihr Geld fließt.

In diesem Kapitel werden wir detailliert erklären, was Zero-Based Budgeting ist, wie es funktioniert, wie Sie diese Methode umsetzen können, und welche Vorteile und Herausforderungen damit verbunden sind. Mit praktischen Beispielen und Tipps werden Sie am Ende in der Lage sein, Ihre Finanzen durch Zero-Based Budgeting präzise zu planen und die volle Kontrolle über Ihr Geld zu übernehmen.

Was ist Zero-Based Budgeting?

Zero-Based Budgeting unterscheidet sich von den meisten anderen Budgetierungsmethoden in einem entscheidenden Punkt: Es gibt keinen festen Prozentsatz für Kategorien wie Grundbedürfnisse oder Sparziele. Stattdessen planen Sie jeden Euro so ein, dass Ihr Einkommen am Ende des Monats auf „Null" steht. Dies bedeutet nicht, dass Sie Ihr gesamtes Geld ausgeben, sondern dass Sie jeden Euro einem spezifischen Zweck zuordnen – sei es für Ausgaben, Schuldenabbau oder Sparen.

Die Idee hinter Zero-Based Budgeting ist, dass Sie keine Ausgaben „einfach so" tätigen, sondern jeden Ausgabeposten rechtfertigen müssen. Nichts wird automatisch als gegeben angenommen. Es ist eine Methode, die besonders hilfreich ist, um unbewusste oder impulsive Ausgaben zu minimieren und Ihr finanzielles Verhalten zu optimieren.

Beispiel für Zero-Based Budgeting:
Nehmen wir an, Ihr monatliches Einkommen beträgt 3.000 Euro. Anstatt pauschal festzulegen, dass Sie 50 % für Grundbedürfnisse und 30 % für Wünsche verwenden, würden Sie bei Zero-Based Budgeting Ihre Ausgaben spezifisch auflisten und jedem Euro einen Zweck zuweisen. Ihre Aufteilung könnte so aussehen:
Miete: 1.000 €
Lebensmittel: 300 €
Transport (Öffentlicher Verkehr/Auto): 150 €
Versicherungen: 200 €
Sparen (Notfallfonds): 400 €
Schuldenabbau: 300 €
Freizeit und Unterhaltung: 250 €
Sonstige Ausgaben (z. B. Geschenke, Haushaltsprodukte): 200 €
Altersvorsorge (Investitionen): 200 €
Am Ende des Monats beträgt Ihr „Saldo" 0 €, da Ihr Einkommen vollständig budgetiert wurde.

Wie funktioniert Zero-Based Budgeting?

Zero-Based Budgeting lässt sich in fünf wesentliche Schritte unterteilen:

Einnahmen ermitteln

Der erste Schritt bei Zero-Based Budgeting ist, Ihr monatliches Nettoeinkommen genau zu ermitteln. Dazu zählen alle regelmäßigen Einkünfte nach Steuern, einschließlich Gehalt, Boni, Nebeneinnahmen oder staatlicher Unterstützung. Es ist wichtig, hier realistisch zu sein und nur das Geld einzuplanen, das Sie tatsächlich erhalten. Wenn Sie ein schwankendes Einkommen haben, wie es bei Freiberuflern oder Selbstständigen der Fall ist, sollten Sie einen Durchschnitt aus den letzten Monaten berechnen oder vorsichtig mit dem niedrigsten geschätzten Einkommen planen.

Ausgaben auflisten und kategorisieren
Sobald Sie Ihre Einnahmen kennen, müssen Sie Ihre Ausgaben auflisten. Dabei sollten Sie alle Fixkosten (Miete, Strom, Wasser, Internet usw.) und variablen Kosten (Lebensmittel, Freizeit, Transport) erfassen. Hier ist Präzision gefragt: Versuchen Sie, keine Ausgaben zu übersehen, indem Sie in den letzten Monaten nachsehen, wofür Sie Ihr Geld ausgegeben haben.
Die Kategorien können von Person zu Person variieren, aber typischerweise werden die Ausgaben in folgende Bereiche aufgeteilt:
- Grundbedürfnisse: Miete, Hypothekenzahlungen, Versorgungsleistungen, Lebensmittel, Versicherungen, Transport, Gesundheitskosten.
- Wünsche: Freizeit, Reisen, Restaurantbesuche, Hobbys.
- Sparen und Schuldenabbau: Notfallfonds, Altersvorsorge, Investitionen, Tilgung von Schulden (z. B. Kreditkarten oder Konsumschulden).

Budget erstellen und Ausgaben zuweisen
Nachdem Sie Ihre Einnahmen und Ausgaben aufgelistet haben, ist es an der Zeit, Ihr Budget zu erstellen. Ihr Ziel ist es, jeden Euro Ihres Einkommens einem bestimmten Zweck zuzuweisen, bis am Ende kein unbudgetiertes Geld mehr übrig ist.

Beispiel: Sie haben 3.000 Euro zur Verfügung und planen 1.500 Euro für Grundbedürfnisse, 500 Euro für Wünsche und 1.000 Euro für Sparziele und Schuldenabbau. Wenn Sie am Ende des Monats „extra" Geld übrig haben, weil Sie beispielsweise weniger für Lebensmittel oder Transport ausgegeben haben, sollten Sie dieses überschüssige Geld ebenfalls in Ihre Sparziele oder Schuldenabbau einplanen, anstatt es für spontane Einkäufe auszugeben.

Der Schlüssel zum Zero-Based Budgeting ist, dass jeder Euro eine Aufgabe hat. Am Ende sollte der „Saldo" bei Null liegen, das heißt, Sie haben genau so viel Geld eingeplant, wie Sie eingenommen haben.

Regelmäßige Anpassungen
Ein Zero-Based Budget ist nicht in Stein gemeißelt. Ihre Ausgaben können sich von Monat zu Monat ändern, z. B. durch unerwartete Kosten wie Autoreparaturen oder medizinische Ausgaben. Daher ist es wichtig, Ihr Budget regelmäßig zu überprüfen und anzupassen, um sicherzustellen, dass Sie immer auf dem aktuellen Stand sind.

Sie sollten sich angewöhnen, das Budget am Ende jedes Monats zu analysieren und festzustellen, ob Sie im Plan geblieben sind. Wenn nicht, passen Sie das Budget für den nächsten Monat entsprechend an. Diese Flexibilität ist entscheidend, um mit unvorhergesehenen Ereignissen umzugehen und finanzielle Stabilität zu wahren.

Disziplin und Kontrolle
Zero-Based Budgeting erfordert ein hohes Maß an Disziplin. Es ist einfach, versucht zu sein, Geld in Bereichen auszugeben, die nicht im Budget vorgesehen sind. Der Schlüssel zum Erfolg ist die konsequente Einhaltung des Budgets und die Bereitschaft, sich an die festgelegten Grenzen zu halten. Wenn Sie beispielsweise mehr für Freizeit ausgeben, müssen Sie an anderer Stelle kürzen, um sicherzustellen, dass das Budget ausgeglichen bleibt.

Vorteile des Zero-Based Budgeting

Zero-Based Budgeting bietet eine Reihe von Vorteilen, die es zu einer beliebten Budgetierungsmethode machen, insbesondere für Menschen, die ihre Finanzen genau im Blick behalten wollen.

Präzise Kontrolle über die Finanzen
Einer der größten Vorteile des Zero-Based Budgeting ist die präzise Kontrolle, die es Ihnen über Ihre Finanzen gibt. Durch die detaillierte Aufschlüsselung Ihrer Einnahmen und Ausgaben haben Sie immer den vollen Überblick darüber, wofür Sie Ihr Geld verwenden. Dies kann besonders nützlich sein, um unnötige Ausgaben zu erkennen und zu eliminieren.

Reduzierung von Impulsausgaben
Zero-Based Budgeting minimiert die Gefahr von Impulsausgaben, da jeder Euro im Voraus verplant wird. Wenn Sie wissen, dass Sie nur eine bestimmte Summe für Freizeit oder Wünsche zur Verfügung haben, werden Sie eher dazu neigen, bewusster auszugeben und sich zu fragen, ob der spontane Kauf wirklich notwendig ist.

Schuldenabbau
Für Menschen mit Schulden kann Zero-Based Budgeting eine sehr effektive Methode sein, um den Schuldenabbau zu beschleunigen. Da Sie jeden Monat genau planen, wie viel Geld Sie zur Tilgung von Schulden verwenden, können Sie sich gezielt auf den Abbau konzentrieren. Viele Menschen, die diese Methode verwenden, berichten, dass sie durch die detaillierte Planung schneller schuldenfrei geworden sind, weil sie keine „unnötigen" Ausgaben mehr tätigen.

Maximierung von Sparzielen
Zero-Based Budgeting hilft Ihnen nicht nur, Ihre Ausgaben zu kontrollieren, sondern auch, Ihre Sparziele konsequent zu verfolgen. Indem Sie am Anfang des Monats Geld für Sparziele und Investitionen einplanen, stellen Sie sicher, dass das Sparen Priorität hat und nicht nur „das übrig bleibt", was am Ende des Monats nicht ausgegeben wurde.

Anpassbar an jede finanzielle Situation
Ein weiterer Vorteil von Zero-Based Budgeting ist, dass es unabhängig von Ihrer finanziellen Situation funktioniert. Ob Sie ein festes Einkommen haben oder ein variierendes, ob Sie Schulden haben oder bereits auf gesunde finanzielle Grundlagen aufgebaut haben – Zero-Based Budgeting lässt sich an jede Lebenssituation anpassen.

Die Envelope-Methode

Die Envelope Methode, auch bekannt als Umschlagmethode, ist eine bewährte Technik zur Budgetierung, die es ermöglicht, Ausgaben zu kategorisieren und zu kontrollieren, indem physisches Bargeld in Umschlägen aufbewahrt wird. Diese Methode hat ihren Ursprung in einer Zeit, in der Bargeld die primäre Währung war und wurde verwendet, um sicherzustellen, dass Menschen nicht mehr ausgeben, als sie sich leisten konnten. Im digitalen Zeitalter hat sich die Envelope Methode zwar weiterentwickelt und wird auch in digitaler Form angewendet, bleibt jedoch ein wertvolles Werkzeug für alle, die ihre Finanzen besser im Griff haben möchten.

In diesem Kapitel werden wir die Grundlagen der Envelope Methode erläutern, ihre Funktionsweise im Detail beschreiben, die Vorteile und Herausforderungen beleuchten und Ihnen zeigen, wie Sie diese Technik erfolgreich in Ihren Alltag integrieren können. Am Ende werden Sie in der Lage sein, die Envelope Methode zu nutzen, um Ihre Ausgaben zu steuern und finanziellen Frieden zu finden.

Was ist die Envelope Methode?

Die Envelope Methode ist eine physische Budgetierungstechnik, die es ermöglicht, Geld nach Kategorien zu organisieren. Sie basiert auf der Idee, dass man für verschiedene Ausgabenkategorien separate Umschläge mit Bargeld hat. Jeder Umschlag repräsentiert eine bestimmte Kategorie (z. B. Lebensmittel, Freizeit, Transport usw.), und das Geld in jedem Umschlag ist das maximale Budget für diese Kategorie. Wenn das Geld in einem Umschlag aufgebraucht ist, dürfen keine weiteren Ausgaben in dieser Kategorie getätigt werden, bis der nächste Monat beginnt oder zusätzliche Mittel bereitgestellt werden.

Geschichte und Ursprung

Die Envelope Methode hat ihren Ursprung in der Zeit vor dem digitalen Zahlungsverkehr, als Bargeldtransaktionen alltäglich waren. Menschen haben Bargeld abgehoben und es in verschiedene Umschläge gesteckt, die jeweils für bestimmte Ausgaben vorgesehen waren. Diese Methode wurde populär, weil sie es den Menschen ermöglichte, ihre Ausgaben visuell zu verfolgen und impulsive Käufe zu vermeiden. In einer Welt, in der Kreditkarten und digitale Zahlungsmethoden allgegenwärtig sind, bietet die Envelope Methode eine bewährte Möglichkeit, die Kontrolle über die eigenen Finanzen zurückzugewinnen.

Wie funktioniert die Envelope Methode?

Die Envelope Methode erfordert einige Schritte zur Einrichtung und Umsetzung. Diese Schritte sind einfach und leicht zu befolgen, sodass Sie sofort mit dieser Methode beginnen können.

Einnahmen bestimmen
Der erste Schritt zur Anwendung der Envelope Methode besteht darin, Ihr monatliches Nettoeinkommen zu ermitteln. Das ist der Betrag, den Sie nach Steuern und Abzügen tatsächlich zur Verfügung haben. Dazu gehören Gehälter, Nebeneinnahmen und eventuell Sozialleistungen.

Ausgabenkategorien festlegen
Sobald Sie Ihr Einkommen ermittelt haben, müssen Sie Ihre Ausgaben in verschiedene Kategorien aufteilen. Typische Kategorien könnten folgende sein:
- Lebensmittel: Alles, was Sie im Supermarkt kaufen, einschließlich Getränke und Snacks.
- Transport: Benzin, öffentliche Verkehrsmittel oder Fahrgemeinschaftskosten.
- Wohnen: Miete oder Hypothek, Nebenkosten und Versicherungen.
- Freizeit: Restaurantbesuche, Kino, Hobbys und Reisen.

- Gesundheit: Medikamente, Arztbesuche und Fitnessstudio-Beiträge.
- Sonstiges: Unvorhergesehene Ausgaben oder Geschenke.

Budgetierung und Geldaufteilung
Nachdem Sie die Kategorien festgelegt haben, ist es an der Zeit, Ihr Budget zu erstellen. Überlegen Sie, wie viel Geld Sie für jede Kategorie im jeweiligen Monat ausgeben möchten. Diese Beträge sollten realistisch und basierend auf Ihrem Einkommen sowie Ihren bisherigen Ausgaben sein.
Sobald Sie Ihr Budget festgelegt haben, ziehen Sie den entsprechenden Betrag in bar für jede Kategorie ab und stecken Sie ihn in separate Umschläge. Wenn Sie beispielsweise beschlossen haben, 300 Euro für Lebensmittel auszugeben, stecken Sie diese 300 Euro in den Umschlag für Lebensmittel.

Ausgaben verwalten
Im Laufe des Monats verwenden Sie das Geld in den Umschlägen für die jeweiligen Ausgaben. Wenn Sie zum Beispiel für Lebensmittel einkaufen gehen, verwenden Sie nur das Geld, das im Umschlag für Lebensmittel steckt. Wenn Sie am Ende des Monats noch Geld in einem bestimmten Umschlag übrig haben, können Sie entscheiden, ob Sie es in die nächste Periode übertragen oder für eine andere Kategorie verwenden möchten.

Überwachung und Anpassung
Die Envelope Methode erfordert eine regelmäßige Überwachung Ihrer Ausgaben. Am Ende des Monats sollten Sie die Umschläge überprüfen und herausfinden, wie viel Geld in jeder Kategorie übrig geblieben ist. Diese Überprüfung ermöglicht es Ihnen, festzustellen, ob Ihre Budgetierung realistisch ist oder ob Anpassungen erforderlich sind. Es ist normal, dass einige Kategorien mehr Geld benötigen als andere, sodass Sie diese in der nächsten Periode entsprechend anpassen können.

Vorteile der Envelope Methode

Die Envelope Methode bietet zahlreiche Vorteile, die sie zu einer effektiven Budgetierungstechnik machen.

Physische Kontrolle über Ausgaben
Ein wesentlicher Vorteil der Envelope Methode ist die physische Kontrolle über Ihr Geld. Wenn Sie Bargeld in einem Umschlag haben, sehen Sie sofort, wie viel Geld Ihnen noch zur Verfügung steht. Dies hilft, impulsive Ausgaben zu reduzieren und gibt Ihnen ein besseres Gefühl dafür, wie viel Sie tatsächlich ausgeben können.

Vermeidung von Schulden
Durch die Verwendung von Bargeld und die Begrenzung der Ausgaben auf das, was in den Umschlägen steckt, verringert die Envelope Methode das Risiko, in Schulden zu geraten. Sie können nur das ausgeben, was Sie haben, was zu einer besseren finanziellen Disziplin führt.

Einfache Umsetzung
Die Envelope Methode ist leicht zu verstehen und anzuwenden. Sie erfordert keine komplexen Software-Tools oder detaillierte Kenntnisse über Finanzmanagement. Mit ein paar Umschlägen und etwas Bargeld können Sie sofort loslegen.

Förderung von finanzieller Disziplin
Die physische Trennung Ihres Geldes in Kategorien fördert diszipliniertes Ausgabeverhalten. Sie lernen, bewusster zu konsumieren und die Grenzen Ihrer Ausgaben zu respektieren, was zu einem gesünderen Umgang mit Geld führt.

Anpassungsfähigkeit

Die Envelope Methode ist anpassbar und kann leicht an Ihre individuellen Bedürfnisse und Lebensumstände angepasst werden. Sie können die Kategorien ändern, den Geldbetrag in jedem Umschlag anpassen oder sogar digitale Tools verwenden, um die Methode anzuwenden, wenn Sie kein Bargeld verwenden möchten.

Herausforderungen und Nachteile der Envelope Methode

Obwohl die Envelope Methode viele Vorteile hat, gibt es auch einige Herausforderungen und Nachteile, die berücksichtigt werden sollten.

Bargeldabhängigkeit
Die Methode ist stark auf Bargeld angewiesen, was in einer zunehmend digitalen Welt als Nachteil angesehen werden kann. Viele Menschen nutzen heutzutage bevorzugt Kreditkarten oder digitale Zahlungsmethoden, was es schwieriger machen kann, die Envelope Methode zu implementieren. Dennoch gibt es digitale Varianten der Methode, die diese Herausforderung umgehen.

Disziplin erforderlich
Obwohl die Methode helfen kann, Disziplin zu fördern, erfordert sie auch Disziplin, um die Kategorien und Budgets konsequent einzuhalten. Es kann verlockend sein, Geld aus anderen Umschlägen zu entnehmen, wenn Sie in einer Kategorie über die Stränge schlagen. Um die Methode effektiv zu nutzen, müssen Sie sich an die festgelegten Grenzen halten.

Schwierigkeiten bei unregelmäßigen Einkommen

Wenn Sie ein unregelmäßiges Einkommen haben, kann es schwierig sein, die Envelope Methode effektiv umzusetzen. Es kann kompliziert sein, die Umschläge auf der Grundlage eines schwankenden Einkommens zu budgetieren. In solchen Fällen ist es wichtig, ein Minimum für jede Kategorie zu planen und bei Bedarf Anpassungen vorzunehmen.

Vorabplanung notwendig
Um die Envelope Methode erfolgreich zu nutzen, ist eine gründliche Vorabplanung erforderlich. Sie müssen Zeit investieren, um Ihre Ausgaben zu analysieren, Budgets zu erstellen und Umschläge vorzubereiten. Dies kann für Menschen, die wenig Zeit oder Interesse an der Finanzplanung haben, eine Herausforderung darstellen.

Digitale Varianten der Envelope Methode

Im digitalen Zeitalter gibt es verschiedene Möglichkeiten, die Envelope Methode anzuwenden, ohne auf physisches Bargeld angewiesen zu sein. Digitale Budgetierungstools und Apps bieten Funktionen, die es ermöglichen, die Prinzipien der Envelope Methode auf einfache Weise umzusetzen.

Budgetierungs-Apps
Es gibt zahlreiche Budgetierungs-Apps, die Ihnen helfen, die Envelope Methode digital umzusetzen. Diese Apps ermöglichen es Ihnen, virtuelle Umschläge zu erstellen und Geldbeträge für verschiedene Kategorien zuzuweisen. Einige beliebte Apps sind:

- YNAB (You Need A Budget): YNAB ist eine der bekanntesten Budgetierungs-Apps, die auf den Prinzipien der Envelope Methode basiert. Sie können Umschläge für verschiedene Kategorien erstellen und Ihr Budget einfach verwalten.
- GoodBudget: GoodBudget ist eine App, die speziell für die Envelope Methode entwickelt wurde. Sie können virtuelle Umschläge erstellen und Ihre Ausgaben verfolgen, ohne Bargeld verwenden zu müssen.
- Mvelopes: Diese App kombiniert die Vorteile der Envelope Methode mit digitalen Funktionen, sodass Sie Ihre Finanzen von überall aus verwalten können.

Tools und Apps für effektives Budgeting

In der heutigen digitalen Welt gibt es eine Vielzahl von Tools und Apps, die es einfacher machen, ein Budget zu erstellen, Ausgaben zu verfolgen und finanzielle Ziele zu erreichen. Der technologische Fortschritt hat die persönliche Finanzverwaltung revolutioniert und bietet Ihnen die Möglichkeit, Ihre Finanzen effizienter zu gestalten – jederzeit und überall. In diesem Kapitel erfahren Sie, welche Tools und Apps Ihnen helfen können, das Beste aus Ihrer Budgetierung herauszuholen, wie Sie die richtigen Werkzeuge für Ihre Bedürfnisse auswählen und welche Schritte Sie unternehmen müssen, um die Kontrolle über Ihre Finanzen zu übernehmen.

Warum digitale Tools und Apps für das Budgeting nutzen?

Die Nutzung digitaler Tools und Apps zur Budgetierung bietet viele Vorteile. Sie helfen Ihnen nicht nur dabei, den Überblick über Ihre Finanzen zu behalten, sondern automatisieren auch viele manuelle Prozesse, die früher mit der Budgetierung verbunden waren. Anstatt sich auf handschriftliche Tabellen oder physische Umschläge zu verlassen, können Sie mithilfe von Apps Ihre Einnahmen, Ausgaben und Sparziele einfach und effizient verfolgen.

Vorteile digitaler Tools und Apps

- **Automatisierung:** Digitale Budgetierungs-Apps können Transaktionen automatisch kategorisieren, Kontostände abrufen und Ausgaben analysieren, was den manuellen Aufwand reduziert.
- **Transparenz:** Sie erhalten eine klare Übersicht über Ihre finanzielle Situation in Echtzeit, was es einfacher macht, fundierte finanzielle Entscheidungen zu treffen.
- **Zugänglichkeit:** Da die meisten Apps auf mobilen Geräten verfügbar sind, haben Sie Ihre Finanzen immer griffbereit – egal, ob Sie unterwegs sind oder von zu Hause aus planen.
- **Benachrichtigungen und Erinnerungen:** Viele Apps bieten Benachrichtigungen und Erinnerungen an, um Sie daran zu erinnern, wenn Sie nahe an Ihrem Budgetlimit sind oder eine Rechnung fällig ist.
- **Individuelle Anpassung:** Sie können Ihre Budgets und Kategorien an Ihre spezifischen Bedürfnisse anpassen und erhalten maßgeschneiderte Finanzberichte.
- **Langfristige Planung:** Apps ermöglichen es Ihnen, nicht nur Ihre monatlichen Budgets zu verwalten, sondern auch langfristige Sparziele und Schuldenabbaupläne zu erstellen.

Herausforderungen digitaler Tools

Obwohl die Vorteile zahlreich sind, gibt es auch einige Herausforderungen, die bei der Nutzung von Budgetierungs-Apps berücksichtigt werden sollten:

Datensicherheit: Da viele Apps eine Verbindung zu Ihren Bankkonten herstellen, ist die Sicherheit Ihrer finanziellen Daten ein wichtiger Aspekt. Es ist entscheidend, Apps zu wählen, die auf den Schutz Ihrer Privatsphäre und Sicherheit ausgerichtet sind.

Überwältigung durch Optionen: Die Fülle an verfügbaren Tools und Apps kann überwältigend sein. Die Auswahl der richtigen App erfordert oft Geduld und möglicherweise etwas Ausprobieren.

Kontinuierliche Nutzung: Auch wenn eine App Ihnen helfen kann, müssen Sie sie regelmäßig verwenden und aktualisieren, um den vollen Nutzen daraus zu ziehen. Die beste App hilft wenig, wenn sie nicht konsequent genutzt wird.

Kategorien von Budgeting-Tools und Apps

Es gibt verschiedene Arten von Tools und Apps für das Budgeting, die sich je nach Ihren spezifischen Bedürfnissen und Zielen unterscheiden. Hier eine Übersicht über die wichtigsten Kategorien:

Haushaltsbuch-Apps

Haushaltsbuch-Apps helfen Ihnen dabei, Ihre täglichen Ausgaben manuell zu erfassen. Sie eignen sich besonders für Menschen, die ihre Ausgaben bewusst verfolgen und analysieren möchten. Beispiele:

Money Manager: Diese App bietet eine benutzerfreundliche Oberfläche zur manuellen Erfassung von Einnahmen und Ausgaben. Sie können Ihre Transaktionen kategorisieren, Berichte erstellen und Ihre finanzielle Situation genau überwachen.

Spendee: Spendee ermöglicht es Ihnen, Ihre Einnahmen und Ausgaben in Echtzeit zu verfolgen und gibt Ihnen Einblicke in Ihre finanzielle Gesundheit. Sie können Budgets für verschiedene Kategorien erstellen und sehen, wo Sie potenziell Geld sparen können.

Automatisierte Budgetierungs-Apps

Automatisierte Budgetierungs-Apps verknüpfen sich direkt mit Ihren Bankkonten und Kreditkarten, um Transaktionen automatisch zu verfolgen und in verschiedenen Kategorien zu organisieren. Sie sparen Ihnen Zeit, da Sie nicht manuell jede Transaktion eingeben müssen.
Beispiele:
YNAB (You Need A Budget): YNAB ist eine der führenden Budgetierungs-Apps und basiert auf dem Prinzip des „Zero-Based Budgeting". Jede Ausgabe wird einem Zweck zugewiesen, sodass Sie genau wissen, wofür Ihr Geld verwendet wird. Die App bietet leistungsstarke Tools zur Schuldenreduzierung und zur Erstellung langfristiger Sparpläne.

Mint: Mint ist eine beliebte App zur automatisierten Verfolgung von Einnahmen und Ausgaben. Sie synchronisiert Ihre Bankkonten und Kreditkarten, kategorisiert Ihre Ausgaben und bietet eine benutzerfreundliche Oberfläche, die Ihnen einen schnellen Überblick über Ihre Finanzen verschafft.

Spar- und Investitions-Apps

Diese Apps helfen Ihnen dabei, nicht nur Ihre Ausgaben zu kontrollieren, sondern auch Sparpläne zu erstellen und Ihre Investitionen zu verwalten. Sie können automatische Überweisungen auf Sparkonten einrichten oder Mikroinvestitionen tätigen. Beispiele:

Qapital: Qapital verwendet Regeln, um automatisch kleine Beträge auf ein Sparkonto zu überweisen. Beispielsweise könnten Sie festlegen, dass jedes Mal, wenn Sie mit Ihrer Karte zahlen, ein zusätzlicher Betrag auf Ihr Sparkonto überwiesen wird. Dies macht das Sparen einfach und fast unbemerkt.

Acorns: Acorns rundet Ihre Käufe auf den nächsten Dollar oder Euro auf und investiert die Differenz in ein diversifiziertes Portfolio. Dies ist besonders nützlich für Menschen, die klein anfangen und ihre Ersparnisse allmählich steigern möchten.

Schuldenmanagement-Apps

Apps zur Verwaltung von Schulden helfen Ihnen dabei, Schulden systematisch abzubauen, indem sie Pläne zur Rückzahlung von Krediten oder Kreditkartenschulden erstellen und verfolgen. Beispiele:

Debt Payoff Planner: Diese App hilft Ihnen, Ihre Schulden zu verwalten und Rückzahlungspläne zu erstellen. Sie können verschiedene Szenarien durchspielen, um zu sehen, wie schnell Sie schuldenfrei sein könnten, je nachdem, wie viel Sie monatlich zurückzahlen.

Undebt.it: Undebt.it ist ein Online-Tool, das Ihnen hilft, den effektivsten Weg zur Schuldenrückzahlung zu finden, sei es durch die Schneeball- oder Lawinenmethode.

All-in-One-Budgeting-Apps

Diese Apps bieten eine umfassende Lösung für das Finanzmanagement. Sie integrieren Budgetierung, Schuldenmanagement, Investitionen und Sparziele in einer einzigen Plattform. Beispiele:

PocketGuard: PocketGuard verfolgt Ihre Ausgaben, zeigt Ihnen, wie viel Geld Ihnen zur Verfügung steht, und hilft Ihnen, unnötige Ausgaben zu reduzieren. Die App bietet außerdem die Möglichkeit, Sparziele festzulegen und Ihr Budget nach Ihren eigenen Prioritäten zu organisieren.

Personal Capital: Diese App kombiniert Budgetierung und Vermögensverwaltung. Sie können Ihre Ausgaben im Blick behalten, aber auch Ihr Anlageportfolio überwachen, um Ihre finanzielle Situation ganzheitlich zu betrachten.

Auswahl des richtigen Tools oder der richtigen App

Die Auswahl der besten App oder des besten Tools für Ihre persönlichen finanziellen Bedürfnisse hängt von verschiedenen Faktoren ab. Es ist wichtig, die folgenden Aspekte zu berücksichtigen:

Ihre finanziellen Ziele

Bevor Sie eine App oder ein Tool auswählen, sollten Sie sich klar darüber sein, welche Ziele Sie mit der Budgetierung erreichen möchten. Wollen Sie Schulden abbauen? Sparen Sie für ein spezifisches Ziel, wie den Kauf eines Hauses oder einer Reise? Oder möchten Sie einfach einen besseren Überblick über Ihre täglichen Ausgaben erhalten? Unterschiedliche Apps sind auf verschiedene Aspekte der Finanzplanung spezialisiert.

Benutzerfreundlichkeit

Eine App oder ein Tool ist nur dann nützlich, wenn Sie es auch regelmäßig nutzen. Achten Sie daher auf die Benutzerfreundlichkeit und das Design der App. Ein übersichtliches, intuitives Interface erleichtert die tägliche Nutzung.

Kosten

Viele Budgetierungs-Apps sind kostenlos, bieten jedoch Premium-Versionen mit zusätzlichen Funktionen an. Überlegen Sie, ob Sie bereit sind, für eine App zu bezahlen, und ob die zusätzlichen Funktionen für Ihre Bedürfnisse notwendig sind.

Funktionsumfang

Einige Apps bieten grundlegende Funktionen wie das Verfolgen von Ausgaben und Einnahmen, während andere umfassendere Werkzeuge zur Verwaltung von Schulden, Sparzielen und Investitionen bieten. Entscheiden Sie, welche Funktionen für Sie am wichtigsten sind, bevor Sie sich für eine App entscheiden.

Datensicherheit

Da viele Apps eine Verbindung zu Ihren Bankkonten herstellen, sollten Sie sicherstellen, dass die App hohe Sicherheitsstandards erfüllt. Achten Sie auf Verschlüsselungstechnologien und ob die App von vertrauenswürdigen Anbietern stammt.

Monatliche und jährliche Budgetplanung

Ein solides Budget ist das Fundament für finanzielle Stabilität und langfristigen Erfolg. Eine durchdachte monatliche und jährliche Budgetplanung gibt Ihnen nicht nur die Kontrolle über Ihre Finanzen, sondern ermöglicht es Ihnen auch, realistische Ziele zu setzen, unvorhergesehene Ausgaben zu bewältigen und auf lange Sicht finanziell unabhängig zu werden. In diesem Kapitel werden wir detailliert erläutern, wie Sie eine monatliche und jährliche Budgetplanung erstellen, welche Schritte dabei zu beachten sind und wie Sie Ihr Budget flexibel anpassen können, um auf finanzielle Herausforderungen reagieren zu können.

Die Bedeutung der Budgetplanung

Budgetplanung ist der Schlüssel zu einer gesunden finanziellen Zukunft. Ohne ein klares Budget kann es leicht passieren, dass Sie den Überblick über Ihre Ausgaben verlieren und in finanzielle Schwierigkeiten geraten. Eine gute Budgetplanung bietet mehrere Vorteile:

Überblick über Einnahmen und Ausgaben

Durch eine monatliche und jährliche Budgetplanung wissen Sie immer genau, wie viel Geld Sie zur Verfügung haben und wohin es fließt. Dies hilft Ihnen, unnötige Ausgaben zu vermeiden und Ihre finanziellen Prioritäten besser zu verwalten.

Finanzielle Ziele erreichen

Egal, ob es darum geht, Schulden abzubauen, für einen Notfallfonds zu sparen oder für eine größere Anschaffung wie ein Auto oder ein Eigenheim zu sparen – mit einem strukturierten Budget können Sie Ihre finanziellen Ziele klar definieren und verfolgen.

Kontrolle über unvorhergesehene Ausgaben

Unvorhergesehene Ausgaben wie Autoreparaturen oder medizinische Rechnungen können ein Budget schnell ins Wanken bringen. Durch eine vorausschauende Planung und die Berücksichtigung von Sparposten für unvorhergesehene Ereignisse können Sie besser auf solche Situationen vorbereitet sein.

Vermeidung von Schulden

Ohne ein klares Budget kann es leicht passieren, dass man mehr ausgibt, als man einnimmt, und in eine Schuldenfalle gerät. Eine strukturierte Budgetplanung hilft Ihnen, innerhalb Ihrer finanziellen Mittel zu leben und Schulden zu vermeiden.

Der Unterschied zwischen monatlicher und jährlicher Budgetplanung

Während sowohl die monatliche als auch die jährliche Budgetplanung darauf abzielen, Ihre Finanzen zu organisieren, gibt es wesentliche Unterschiede zwischen diesen beiden Ansätzen.

Monatliche Budgetplanung

Die monatliche Budgetplanung konzentriert sich auf die täglichen und wöchentlichen Ausgaben sowie auf kurzfristige Ziele. Da viele Menschen ihre Gehälter monatlich oder zweiwöchentlich erhalten, ist es sinnvoll, das Budget monatlich zu überprüfen und anzupassen. Zu den typischen Kategorien in einem monatlichen Budget gehören:
- Miete oder Hypothekenzahlungen
- Lebensmittel und Haushaltswaren
- Transportkosten (z. B. Benzin oder öffentliche Verkehrsmittel)
- Versicherungen (Auto, Hausrat, Gesundheit)
- Unterhaltung und Freizeit
- Abonnements und Mitgliedschaften
- Kreditkartenzahlungen und andere Schulden

Ein monatliches Budget gibt Ihnen die Flexibilität, Ihre Ausgaben kurzfristig zu überwachen und bei Bedarf schnell Anpassungen vorzunehmen.

Jährliche Budgetplanung

Eine jährliche Budgetplanung hingegen ist langfristig ausgerichtet und berücksichtigt größere Ausgaben sowie längerfristige Ziele. Hierbei wird ein Überblick über Ihre finanziellen Verpflichtungen für das gesamte Jahr erstellt, einschließlich unregelmäßiger Ausgaben wie:
- Jährliche Versicherungsbeiträge
- Steuern
- Urlaubs- und Reisekosten
- Wartungen und Reparaturen (z. B. Auto, Haus)
- Feiertage und besondere Anlässe (z. B. Geburtstagsgeschenke, Hochzeiten)

Mit einer jährlichen Budgetplanung haben Sie die Möglichkeit, sich auf größere, nicht monatlich anfallende Ausgaben vorzubereiten und langfristige Sparziele, wie den Kauf eines Hauses oder den Aufbau eines Notfallfonds, besser zu planen.

Schritte zur Erstellung einer monatlichen Budgetplanung

Die monatliche Budgetplanung ist die Grundlage eines jeden Finanzplans. Hier sind die Schritte, die Ihnen helfen, ein effektives monatliches Budget zu erstellen:

Einnahmen erfassen

Der erste Schritt bei der Erstellung eines Budgets besteht darin, alle Einnahmen zu erfassen, die Sie monatlich erhalten. Dazu gehören:
- Gehaltseinkünfte (nach Steuern)
- Nebenverdienste
- Einkünfte aus Investments (z. B. Dividenden)
- Sozialleistungen oder Unterstützungsgelder

Wenn Ihre Einkünfte variieren, beispielsweise durch freiberufliche Tätigkeiten oder unregelmäßige Boni, sollten Sie den Durchschnitt der letzten Monate oder Jahre berechnen, um eine realistische Grundlage für Ihr Budget zu haben.

Fixkosten bestimmen

Fixkosten sind Ausgaben, die monatlich konstant anfallen und in der Regel nur schwer reduziert werden können. Dazu gehören:
- Miete oder Hypothekenzahlungen
- Versicherungen (z. B. Kranken-, Auto- und Lebensversicherung)

- Internet- und Telefonrechnungen
- Strom, Wasser und Heizung

Diese Fixkosten sollten den ersten Teil Ihres Budgets ausmachen, da sie Priorität haben und in der Regel nicht verhandelbar sind.

Variable Ausgaben einplanen

Im Gegensatz zu den Fixkosten können variable Ausgaben von Monat zu Monat variieren. Diese Ausgaben umfassen:
- Lebensmittel
- Unterhaltung (z. B. Restaurantbesuche, Kino)
- Transportkosten
- Kleidung und Schuhe
- Haushaltswaren

Es ist wichtig, diese Kategorien im Auge zu behalten und regelmäßig zu überprüfen, um sicherzustellen, dass Sie nicht mehr ausgeben, als Sie eingeplant haben.

Sparziele und Schuldenabbau berücksichtigen

Ein wesentlicher Bestandteil eines monatlichen Budgets ist es, Geld für Sparziele und den Schuldenabbau zu reservieren. Dies können beispielsweise sein:
- Notfallfonds
- Altersvorsorge
- Rückzahlung von Krediten oder Kreditkartenschulden
- Sparen für größere Anschaffungen oder Urlaube

Idealerweise sollten Sie einen festen Prozentsatz Ihres Einkommens in diese Kategorien fließen lassen, um langfristig finanzielle Stabilität zu gewährleisten.

Überprüfung und Anpassung

Ein Budget ist kein statisches Instrument. Es muss regelmäßig überprüft und angepasst werden, um auf Änderungen in Ihren Einkommens- oder Ausgabensituationen zu reagieren. Nehmen Sie sich am Ende des Monats Zeit, um Ihr Budget zu analysieren, und passen Sie es gegebenenfalls für den nächsten Monat an.

Schritte zur Erstellung einer jährlichen Budgetplanung

Eine jährliche Budgetplanung erfordert eine gründlichere und langfristigere Herangehensweise. Hier sind die wichtigsten Schritte, um ein effektives Jahresbudget zu erstellen:

Vorjahresausgaben analysieren

Der erste Schritt besteht darin, Ihre Ausgaben des vergangenen Jahres zu analysieren. Gehen Sie Ihre Kontoauszüge und Kreditkartenabrechnungen durch, um ein klares Bild davon zu bekommen, wo Ihr Geld hinfließt. Notieren Sie sich besonders die unregelmäßigen Ausgaben, die nicht jeden Monat anfallen.

Langfristige finanzielle Ziele setzen

Im Rahmen der jährlichen Budgetplanung sollten Sie sich klare, langfristige finanzielle Ziele setzen. Dies könnten sein:
- Der Aufbau eines Notfallfonds
- Sparen für ein Eigenheim oder ein Auto
- Geld für Urlaube oder größere Anschaffungen zur Seite legen
- Investitionen in Bildung oder berufliche Weiterentwicklung

Diese Ziele sollten in Ihr Jahresbudget integriert werden, um sicherzustellen, dass Sie regelmäßig Geld dafür beiseitelegen.

Saisonale oder unregelmäßige Ausgaben berücksichtigen

Ein häufiges Problem bei der Budgetplanung ist das Übersehen saisonaler oder unregelmäßiger Ausgaben. Hier sind einige Beispiele für solche Ausgaben:
- Steuern (jährlich oder vierteljährlich)
- Versicherungsprämien (oft jährlich)
- Urlaub und Feiertage (Geschenke, Feiern)
- Wartungsarbeiten (Haus oder Auto)

Indem Sie diese Ausgaben in Ihrem Jahresbudget berücksichtigen, vermeiden Sie finanzielle Engpässe, wenn solche Zahlungen fällig werden.

Spar- und Investitionspläne erstellen

Im Rahmen der jährlichen Budgetplanung sollten Sie auch konkrete Spar- und Investitionspläne aufstellen. Wenn Sie beispielsweise planen, 10.000 Euro für ein neues Auto zu sparen, könnten Sie festlegen, monatlich 833 Euro zurückzulegen. Ähnliches gilt für Investitionen, sei es in Aktien, Anleihen oder andere Finanzprodukte. Setzen Sie sich ein jährliches Sparziel und brechen Sie dieses in monatliche oder vierteljährliche Beträge herunter.

Regelmäßige Überprüfung und Anpassung

Ein Jahresbudget sollte mindestens vierteljährlich überprüft werden. Veränderungen in Ihrem Einkommen, unerwartete Ausgaben oder Änderungen in Ihren Lebensumständen können Anpassungen erforderlich machen. Indem Sie Ihr Budget regelmäßig überprüfen, bleiben Sie flexibel und können rechtzeitig auf finanzielle Herausforderungen reagieren.

Sparstrategien für jeden Tag

Sparen ist der Schlüssel zur finanziellen Freiheit. Unabhängig davon, wie viel man verdient, kann der richtige Umgang mit Geld den Unterschied zwischen finanzieller Sicherheit und ständigen Sorgen über das nächste Monatsende ausmachen. In einer Welt, in der Konsum oft als Zeichen von Erfolg gilt, ist es entscheidend, Strategien zu entwickeln, die es ermöglichen, das eigene Einkommen effektiv zu verwalten und gezielt für die Zukunft zu sparen. Dieses Kapitel widmet sich den praktischen, alltäglichen Sparstrategien, die Sie Schritt für Schritt anwenden können, um Ihre Ausgaben zu senken, Ihre Ersparnisse zu steigern und damit den Grundstein für langfristigen Wohlstand zu legen.

Hier sind einige effektive Spartechniken, die du jeden Tag anwenden kannst, um deine Ausgaben zu senken und kontinuierlich zu sparen:

Automatisiertes Sparen
Richte einen automatischen Dauerauftrag ein, der einen festen Betrag deines Einkommens direkt auf ein Sparkonto überweist. So sparst du regelmäßig, ohne darüber nachzudenken.

Führe ein Haushaltsbuch
Notiere täglich alle deine Ausgaben. Dies hilft dir, deine Finanzen besser zu überblicken und Einsparpotenzial zu erkennen. Du kannst ein physisches Haushaltsbuch oder eine App verwenden.

24-Stunden-Regel bei Impulskäufen

Gib dir selbst 24 Stunden Bedenkzeit, bevor du etwas kaufst, das du nicht auf deiner Einkaufsliste hattest. Das hilft, Impulskäufe zu vermeiden.

Einkaufsliste verwenden
Gehe nie ohne Einkaufsliste einkaufen. Halte dich strikt an die Liste, um spontane Ausgaben zu vermeiden.

Meal Prepping (Vorkochen)
Bereite Mahlzeiten im Voraus zu, um Geld für teure Mittagessen oder Snacks außer Haus zu sparen. Das reduziert auch die Versuchung, spontan Essen zu bestellen.

Vermeide Markenprodukte
Kaufe generische oder No-Name-Produkte, die oft dieselbe Qualität wie Markenprodukte haben, aber günstiger sind.

Abo- und Mitgliedschaften überprüfen
Überprüfe regelmäßig deine Abonnements (Streaming-Dienste, Fitnessstudio, Zeitschriften) und kündige die, die du nicht regelmäßig nutzt.

Bargeld statt Karte verwenden
Nutze Bargeld für kleine Einkäufe. Das bewusste Ausgeben von Bargeld hilft oft, Ausgaben besser im Blick zu behalten.

Wasser mitnehmen
Trinke Leitungswasser und nimm es in wiederverwendbaren Flaschen mit, anstatt teure Getränke unterwegs zu kaufen.

Second-Hand und Flohmärkte nutzen
Kaufe Kleidung, Möbel und andere Gegenstände gebraucht. Das ist oft günstiger und nachhaltig.

Energie sparen

Schalte Elektrogeräte aus, wenn sie nicht benötigt werden, nutze Energiesparlampen und ziehe Stecker bei Geräten, die im Standby-Modus Strom verbrauchen.

Carpooling oder öffentliche Verkehrsmittel nutzen
Fahre mit Kollegen zur Arbeit oder nutze den öffentlichen Nahverkehr, um Spritkosten zu sparen.

Bewusster Umgang mit Rabattaktionen
Kaufe nicht nur, weil etwas im Angebot ist. Prüfe, ob du den Artikel wirklich brauchst, bevor du zuschlägst.

Kaffee und Snacks zu Hause zubereiten
Anstatt täglich Coffee-to-go oder Snacks zu kaufen, bereite diese zu Hause vor und nimm sie mit.

Jeden Tag Kleingeld sparen
Lege jeden Tag einen kleinen Betrag (z. B. das Wechselgeld) in eine Spardose oder ein Glas. Auch kleine Beträge summieren sich mit der Zeit.

Durch das Anwenden dieser Techniken kannst du im Alltag kontinuierlich Geld sparen und langfristig ein solides finanzielles Polster aufbauen.

Warum tägliches Sparen so wichtig ist

Viele Menschen denken bei Sparen an große, einmalige Schritte wie den Kauf eines günstigeren Autos oder den Umzug in eine billigere Wohnung. Diese Maßnahmen sind zwar oft hilfreich, jedoch liegt der wahre Schlüssel zu einem nachhaltigen Sparansatz in den kleinen, alltäglichen Entscheidungen. Es sind die täglichen Gewohnheiten und Routinen, die langfristig den größten Einfluss auf Ihre finanzielle Situation haben.

Die Idee, kleine Beträge zu sparen, wird häufig unterschätzt, da man den Eindruck hat, dass 5 oder 10 Euro pro Tag kaum einen Unterschied machen. Doch in der Summe kann dies auf lange Sicht erhebliche finanzielle Auswirkungen haben. So können regelmäßige kleine Einsparungen im Laufe eines Jahres zu einer beträchtlichen Summe anwachsen – und über die Jahre können sie sogar den Unterschied zwischen finanziellem Stress und Stabilität ausmachen.

Die Psychologie des Sparens

Bevor wir uns konkreten Strategien widmen, ist es wichtig, das grundlegende Konzept hinter dem Sparen zu verstehen. Sparen ist nicht nur eine finanzielle, sondern auch eine mentale Herausforderung. Es geht darum, Gewohnheiten zu ändern, Prioritäten neu zu setzen und langfristiges Denken zu fördern.

Sofortige Befriedigung vs. langfristige Belohnung

Ein Grund, warum viele Menschen Schwierigkeiten beim Sparen haben, ist die Versuchung der sofortigen Befriedigung. Es ist leicht, kleine Ausgaben zu rechtfertigen, weil sie einem kurzfristig Freude oder Bequemlichkeit bringen. Ein Coffee-to-go auf dem Weg zur Arbeit, ein neues Kleidungsstück im Sale oder ein Abendessen in einem Restaurant scheinen in dem Moment verlockend – und oft auch gerechtfertigt.

Doch finanzielle Freiheit erfordert, dass man bereit ist, auf einige dieser kurzfristigen Freuden zu verzichten, um langfristige Ziele zu erreichen. Die Fähigkeit, impulsives Ausgeben zu kontrollieren, ist eine der größten Herausforderungen, aber auch eine der wichtigsten Fähigkeiten, die Sie entwickeln können, um erfolgreich zu sparen.

Gewohnheiten formen
Sparen ist wie das Entwickeln jeder anderen guten Gewohnheit – es erfordert Disziplin und Wiederholung. Untersuchungen zeigen, dass es etwa 66 Tage dauert, bis eine neue Gewohnheit zur Routine wird. Wenn Sie sich also darauf konzentrieren, Ihre Ausgaben bewusst zu reduzieren und regelmäßige Sparbeträge beiseite zu legen, wird dies mit der Zeit immer einfacher.
Die gute Nachricht ist, dass Sie nicht perfekt sein müssen, um Erfolge zu sehen. Selbst kleine Fortschritte – wie das Reduzieren einer täglichen Ausgabe oder das Automatisieren von Sparbeträgen – summieren sich im Laufe der Zeit. Der Schlüssel ist, dran zu bleiben und geduldig zu sein.

Der „Pay Yourself First"-Ansatz

Einer der grundlegendsten und gleichzeitig effektivsten Ansätze zum Sparen ist das Prinzip des „Pay Yourself First" (Zahle zuerst dich selbst). Dieses Konzept besagt, dass Sie immer zuerst einen Teil Ihres Einkommens sparen sollten, bevor Sie andere Ausgaben tätigen. Anstatt also zu warten, bis am Ende des Monats noch etwas übrig bleibt, sparen Sie sofort einen bestimmten Prozentsatz Ihres Einkommens, sobald es eingeht.

Warum „Pay Yourself First" funktioniert

Die Logik hinter diesem Ansatz ist einfach: Wenn Sie warten, bis alle Ihre Ausgaben gedeckt sind, bleibt oft nicht mehr viel übrig, um zu sparen. Indem Sie jedoch das Sparen zur Priorität machen und es als festen Bestandteil Ihrer monatlichen Finanzen betrachten, stellen Sie sicher, dass Sie konstant Geld für Ihre Ziele beiseitelegen.

Dieser Ansatz hilft nicht nur dabei, regelmäßig zu sparen, sondern auch, sich an ein niedrigeres verfügbares Einkommen zu gewöhnen. Wenn Sie wissen, dass Sie nach dem Sparen nur noch einen bestimmten Betrag zur Verfügung haben, werden Sie bewusster mit diesem Geld umgehen.

Automatisiertes Sparen
Eine der besten Möglichkeiten, den „Pay Yourself First"-Ansatz in die Praxis umzusetzen, ist das Automatisieren Ihrer Sparbeiträge. Richten Sie einen automatischen Dauerauftrag ein, der einen bestimmten Betrag von Ihrem Gehaltskonto direkt auf ein Sparkonto überweist. Indem Sie diesen Vorgang automatisieren, eliminieren Sie die Versuchung, das Geld für andere Ausgaben zu nutzen, und machen das Sparen zu einem festen Bestandteil Ihrer finanziellen Routine.

Budgetieren und Sparen im Alltag

Eine solide Budgetplanung ist das Herzstück jeder erfolgreichen Sparstrategie. Ein Budget hilft Ihnen, Ihre Einnahmen und Ausgaben im Auge zu behalten, überflüssige Ausgaben zu identifizieren und Ihre Sparziele klar zu definieren. Doch wie können Sie Ihr Budget so gestalten, dass es Ihnen auch im Alltag beim Sparen hilft?

Kategorisierung der Ausgaben

Der erste Schritt bei der Erstellung eines Budgets besteht darin, Ihre Ausgaben zu kategorisieren. Diese Kategorien könnten beispielsweise folgende Bereiche abdecken:

- Lebensmittel und Haushalt: Lebensmittel, Reinigungsmittel, Verbrauchsgüter.
- Transport: Benzin, öffentliche Verkehrsmittel, Versicherungen, Wartung.
- Unterhaltung und Freizeit: Restaurantbesuche, Kino, Sport, Abonnements.
- Fixkosten: Miete, Hypothekenzahlungen, Versicherungen, Versorgungsunternehmen.
- Unvorhergesehene Ausgaben: Notfälle, Reparaturen, Gesundheitskosten.

Indem Sie Ihre Ausgaben kategorisieren, können Sie genau sehen, wo Ihr Geld hingeht und welche Bereiche Potenzial für Einsparungen bieten. Vielleicht stellen Sie fest, dass Sie in einem bestimmten Bereich mehr ausgeben, als notwendig wäre, und können entsprechend Maßnahmen ergreifen.

Variable Kosten senken

Während Fixkosten wie Miete oder Versicherungen oft schwer kurzfristig zu verändern sind, gibt es bei variablen Kosten erhebliches Einsparpotenzial. Hier einige Strategien, um variable Ausgaben im Alltag zu reduzieren:

Lebensmittelplanung: Planen Sie Ihre Mahlzeiten im Voraus und erstellen Sie Einkaufslisten, um Impulskäufe zu vermeiden. Kaufen Sie saisonale Produkte und nutzen Sie Rabattaktionen, um Ihre Lebensmittelkosten zu senken.

Transport: Überlegen Sie, ob Sie alternative Transportmittel wie das Fahrrad oder öffentliche Verkehrsmittel nutzen können, um Benzinkosten zu sparen. Carsharing oder Fahrgemeinschaften können ebenfalls eine kostengünstige Alternative sein.

Unterhaltung: Anstatt regelmäßig auswärts zu essen oder teure Veranstaltungen zu besuchen, könnten Sie sich für günstigere Freizeitaktivitäten entscheiden, wie z. B. einen Spaziergang im Park, einen Filmabend zu Hause oder das Ausleihen von Büchern aus der Bibliothek.

Die 30-Tage-Regel

Eine weitere hilfreiche Technik, um impulsives Ausgeben zu vermeiden, ist die 30-Tage-Regel. Diese besagt, dass Sie bei größeren Anschaffungen mindestens 30 Tage warten, bevor Sie eine Entscheidung treffen. Wenn Sie nach Ablauf dieser Frist immer noch der Meinung sind, dass der Kauf notwendig oder lohnenswert ist, können Sie ihn tätigen – oft jedoch werden Sie feststellen, dass das Verlangen nach dem Produkt nach dieser Wartezeit abgenommen hat.

Sparen durch Verhandlungen und intelligente Einkäufe

Ein weiterer Bereich, in dem Sie täglich Geld sparen können, sind intelligente Kaufentscheidungen und das Verhandeln von Preisen. In vielen Fällen ist der Preis eines Produkts oder einer Dienstleistung verhandelbar, besonders bei größeren Anschaffungen oder laufenden Kosten wie Versicherungen oder Abonnements.

Preise vergleichen

In Zeiten des Online-Shoppings war es noch nie einfacher, Preise zu vergleichen. Bevor Sie eine größere Anschaffung tätigen, sollten Sie immer verschiedene Anbieter prüfen und nach Rabatten oder Sonderaktionen suchen. Vergleichsportale helfen Ihnen, den besten Preis für Versicherungen, Elektronik, Reisen und vieles mehr zu finden.

Rabattprogramme und Treuekarten nutzen

Viele Geschäfte bieten Rabattprogramme oder Treuekarten an, die es Ihnen ermöglichen, bei regelmäßigen Einkäufen Geld zu sparen. Selbst kleine Rabatte summieren sich mit der Zeit, und es gibt kaum einen Grund, diese nicht zu nutzen.

Versicherungen und Abonnements überprüfen
Ein weiterer Bereich, in dem viele Menschen unbemerkt Geld verschwenden, sind Versicherungen und Abonnements. Prüfen Sie regelmäßig, ob Sie noch die besten Konditionen für Ihre Versicherungen haben, oder ob ein Wechsel zu einem günstigeren Anbieter sinnvoll wäre. Dasselbe gilt für Abonnements – von Streaming-Diensten über Fitnessstudios bis hin zu Zeitschriften. Kündigen Sie Abonnements, die Sie nicht regelmäßig nutzen, und sparen Sie auf diese Weise monatlich eine beträchtliche Summe.

Notwendige vs. unnötige Ausgaben

Der Unterschied zwischen notwendigen und unnötigen Ausgaben ist oft nicht so klar, wie es auf den ersten Blick erscheinen mag. Die moderne Konsumgesellschaft ist darauf ausgelegt, unser Bedürfnis nach sofortiger Befriedigung zu fördern, was dazu führt, dass viele von uns mehr ausgeben, als eigentlich notwendig ist. Oft vermischen sich notwendige und unnötige Ausgaben im Alltag, und ohne eine klare Strategie zur Trennung der beiden Kategorien kann es schnell zu einem finanziellen Ungleichgewicht kommen.

In diesem Kapitel lernen Sie, wie Sie notwendige und unnötige Ausgaben unterscheiden, wie Sie Ihre Ausgaben im Alltag gezielt steuern und kontrollieren und warum dieser Prozess ein wesentlicher Bestandteil von „Smart Budgeting" ist. Denn erst, wenn Sie ein klares Verständnis davon haben, welche Ausgaben wirklich notwendig sind und auf welche Sie verzichten können, sind Sie in der Lage, Ihre Finanzen effizient zu verwalten und Ihre Sparziele zu erreichen.

Warum die Unterscheidung wichtig ist

Bevor wir tiefer in die Thematik einsteigen, sollten wir verstehen, warum es so wichtig ist, notwendige und unnötige Ausgaben zu unterscheiden. Diese Unterscheidung spielt eine zentrale Rolle in der Budgetplanung und dem Erreichen finanzieller Unabhängigkeit. Es ist leicht, in einen Zustand zu geraten, in dem das Ausgabeverhalten nicht mehr bewusst gesteuert wird. Dieser Zustand führt häufig zu unnötigem Konsum und letztlich zu finanziellen Problemen.

Die Differenzierung zwischen notwendigen und unnötigen Ausgaben ermöglicht es Ihnen:

- Prioritäten zu setzen: Sie erkennen, welche Ausgaben Sie zwingend tätigen müssen, um Ihr Leben und Ihre

Bedürfnisse zu decken, und welche Ausgaben nicht unbedingt notwendig sind.
- Sparpotenzial zu identifizieren: Indem Sie unnötige Ausgaben aufdecken und minimieren, schaffen Sie Freiräume in Ihrem Budget, die Sie für Ihre Sparziele oder andere wichtige Finanzvorhaben nutzen können.
- Ihren finanziellen Spielraum zu erweitern: Wenn Sie weniger Geld für Dinge ausgeben, die nicht nötig sind, bleibt mehr von Ihrem Einkommen übrig, das Sie für wichtige Investitionen oder Notfälle nutzen können.

Was sind notwendige Ausgaben?

Grundbedürfnisse

Notwendige Ausgaben beziehen sich in erster Linie auf die Kosten, die zur Deckung der Grundbedürfnisse anfallen. Diese Bedürfnisse sind lebensnotwendig und müssen daher Priorität in Ihrem Budget haben. Zu den Grundbedürfnissen zählen unter anderem:
- Wohnen: Miete oder Hypothekenzahlungen sowie die Kosten für grundlegende Nebenkosten wie Strom, Wasser und Heizung.
- Lebensmittel: Nahrung und Getränke, die für eine ausgewogene und gesunde Ernährung sorgen. Dies umfasst die grundlegenden Lebensmittel für den täglichen Bedarf.
- Transport: Die Kosten für den Transport zur Arbeit, Schule oder für andere notwendige Erledigungen, wie z. B. öffentliche Verkehrsmittel, Benzin oder Auto-Unterhaltung.
- Versicherungen: Basisversicherungen, die für den Schutz gegen schwerwiegende Risiken notwendig sind, wie z. B. Kranken-, Hausrat- und Haftpflichtversicherung.

- Gesundheitsausgaben: Medizinische Ausgaben wie Arztbesuche, Medikamente und notwendige Gesundheitsvorsorge.

Diese Ausgaben sollten den ersten und größten Teil Ihres Budgets ausmachen, da sie für das tägliche Leben und Ihre Sicherheit unerlässlich sind.

Verpflichtungen und Verträge

Ein weiterer wichtiger Aspekt notwendiger Ausgaben sind finanzielle Verpflichtungen und Verträge, die Sie eingegangen sind. Dazu gehören:

Kreditrückzahlungen: Tilgungen und Zinsen für bestehende Schulden, wie z. B. Autokredite, Studienkredite oder Hypotheken. Diese Ausgaben sind nicht verhandelbar und müssen rechtzeitig beglichen werden.

Vertragliche Verpflichtungen: Abonnements oder Verträge, die notwendig sind, um grundlegende Dienste in Anspruch zu nehmen, wie z. B. Internet- oder Telefonverträge.

Diese Ausgaben können oft nicht kurzfristig vermieden oder reduziert werden, es sei denn, Sie haben die Möglichkeit, Verträge zu ändern oder günstiger zu verhandeln. Dennoch gehören sie zu den notwendigen Ausgaben, die im Rahmen des Budgets berücksichtigt werden müssen.

Investitionen in die Zukunft

Obwohl Investitionen in Spar- oder Altersvorsorgekonten auf den ersten Blick vielleicht nicht als "notwendig" erscheinen, spielen sie eine wichtige Rolle im Rahmen langfristiger finanzieller Sicherheit. Regelmäßige Einzahlungen auf Sparkonten, Altersvorsorgepläne oder Investitionen sollten ebenfalls als notwendige Ausgaben betrachtet werden, da sie zur finanziellen Stabilität in der Zukunft beitragen.

Es ist entscheidend, dass Sie regelmäßig Geld zur Seite legen, um sich auf Notfälle vorzubereiten, für größere Anschaffungen zu sparen oder Ihre Altersvorsorge zu sichern.

Was sind unnötige Ausgaben?

Unnötige Ausgaben sind jene Ausgaben, die nicht zwingend notwendig sind, um Ihre Grundbedürfnisse zu decken. Diese Ausgaben sind oft impulsiv, mit Komfort oder Luxus verbunden und bieten kurzfristige Befriedigung, ohne langfristige Vorteile zu bringen.

Konsumgüter und Luxusartikel

Eine der häufigsten Kategorien unnötiger Ausgaben sind Konsumgüter und Luxusartikel. Darunter fallen Produkte, die Sie zwar gerne haben möchten, aber nicht wirklich benötigen. Beispiele hierfür sind:
- Mode und Accessoires: Kleidung, die über den notwendigen Bedarf hinausgeht. Dies kann trendige Mode oder teure Markenartikel umfassen.
- Technologie und Gadgets: Regelmäßige Upgrades auf die neuesten Smartphones, Tablets oder andere elektronische Geräte, obwohl die vorherigen noch funktionstüchtig sind.

- Haushaltsgeräte und Dekorationen: Teure Haushaltsgegenstände oder Dekorationsartikel, die das Zuhause verschönern, aber nicht unbedingt erforderlich sind.

Diese Ausgaben sind oft impulsgetrieben und entstehen durch den Wunsch, den eigenen Komfort zu erhöhen oder einem bestimmten Lifestyle zu folgen.

Unterhaltung und Freizeit

Ein weiterer Bereich, in dem unnötige Ausgaben häufig auftreten, ist die Unterhaltung. Dies kann Freizeitaktivitäten oder Hobbys umfassen, die zwar angenehm sind, aber oft übermäßig teuer werden können, wie z. B.:

- Restaurantbesuche und Lieferdienste: Regelmäßiges Essen außer Haus oder das Bestellen von teurem Essen über Lieferdienste.
- Freizeitaktivitäten: Teure Freizeitaktivitäten wie Kino, Theater oder Sportveranstaltungen, die Sie öfter besuchen, als es Ihr Budget erlaubt.
- Abonnements: Streaming-Dienste, Musikdienste, Fitnessstudios und andere Abonnements, die Sie vielleicht nicht regelmäßig nutzen oder die Sie nur abgeschlossen haben, weil sie im Moment attraktiv erschienen.

Auch wenn Freizeit und Unterhaltung einen wichtigen Teil eines erfüllten Lebens ausmachen, können diese Ausgaben schnell außer Kontrolle geraten und zu finanziellen Belastungen führen.

Impulskäufe

Impulskäufe sind eine der größten Gefahren für Ihr Budget. Sie passieren oft spontan und ohne sorgfältige Überlegung, wie z. B.:

- Sonderangebote und Schnäppchen: Produkte, die Sie nur deshalb kaufen, weil sie im Angebot sind, obwohl Sie sie eigentlich nicht benötigen.
- Online-Shopping: Spontane Online-Bestellungen, die durch gezielte Werbung oder Rabattaktionen ausgelöst werden.
- Kleinigkeiten im Alltag: Häufige Käufe von Snacks, Getränken oder kleinen Luxusartikeln wie dem täglichen Coffee-to-go.

Diese Ausgaben scheinen auf den ersten Blick gering zu sein, summieren sich jedoch im Laufe der Zeit zu erheblichen Beträgen und können Ihr Budget unbemerkt belasten.

Wie Sie notwendige und unnötige Ausgaben unterscheiden

Der erste Schritt, um die Kontrolle über Ihre Ausgaben zu erlangen, ist die Fähigkeit, notwendige und unnötige Ausgaben klar voneinander zu trennen. Dies ist nicht immer einfach, besonders in einer Welt, die uns ständig mit Werbung und Konsumanreizen konfrontiert. Doch mit einigen grundlegenden Strategien und Denkanstößen können Sie lernen, bewusstere Entscheidungen zu treffen.

Die Frage nach dem „Warum"

Wenn Sie vor einer Kaufentscheidung stehen, stellen Sie sich immer die Frage: „Warum will ich das kaufen?" Ist es, weil Sie das Produkt wirklich brauchen, oder weil Sie sich davon ein kurzfristiges Glücksgefühl erhoffen? Diese einfache Frage kann oft Klarheit darüber schaffen, ob es sich um eine notwendige oder unnötige Ausgabe handelt.

Bedürfnis vs. Wunsch

Es ist wichtig, zwischen einem **Bedürfnis** und einem **Wunsch** zu unterscheiden. Ein Bedürfnis ist etwas, das Sie benötigen, um Ihr Leben zu führen – wie Nahrung, Unterkunft und Transport. Ein Wunsch hingegen ist etwas, das Sie gerne hätten, aber nicht unbedingt brauchen, um Ihr Leben zu bewältigen. Beispiele für Wünsche sind Luxusartikel, teure Kleidung oder die neueste Technik.

Sich diese Unterscheidung bewusst zu machen, ist der Schlüssel, um unnötige Ausgaben zu identifizieren und zu reduzieren.

Effektive Spartechniken

Der Weg zur finanziellen Freiheit beginnt nicht mit großen, einmaligen Einsparungen oder drastischen Veränderungen, sondern mit den kleinen, konsequenten Schritten, die Sie jeden Tag unternehmen. Es sind diese alltäglichen Spargewohnheiten, die über Monate und Jahre hinweg einen großen Unterschied machen können. Während viele Menschen glauben, dass sie nur durch erhebliche Veränderungen in ihrer Lebensweise sparen können, zeigt sich in der Praxis, dass es die kleinen, konstanten Einsparungen sind, die langfristig zu nachhaltigem Wohlstand führen.

In diesem Kapitel widmen wir uns den effektivsten Spartechniken, die Sie täglich anwenden können, um Ihre Finanzen zu optimieren. Von der Reduzierung von Ausgaben über das Maximieren von Einsparungen bis hin zur Schaffung einer Disziplin im Umgang mit Geld – diese Techniken sind leicht umzusetzen und bringen dennoch langfristig große Ergebnisse.

Die Bedeutung der täglichen Spargewohnheiten

Bevor wir uns den konkreten Spartechniken widmen, ist es wichtig, das zugrunde liegende Konzept der täglichen Spargewohnheiten zu verstehen. Sparen ist nicht nur eine finanzielle Praxis, sondern auch eine mentale Disziplin. Die Art und Weise, wie Sie Ihr Geld im Alltag ausgeben, reflektiert Ihre Prioritäten und Gewohnheiten. Indem Sie sich bewusster mit Ihrem Konsumverhalten auseinandersetzen und Sparmöglichkeiten in Ihren Alltag integrieren, können Sie schrittweise erhebliche finanzielle Fortschritte erzielen.

Ein grundlegendes Prinzip für effektives Sparen ist die Erkenntnis, dass kleine Beträge über die Zeit hinweg eine große Wirkung haben können. Auch wenn es verlockend ist, auf einmal große Beträge beiseite zu legen oder große Ausgaben zu vermeiden, sind es oft die kleinen täglichen Einsparungen, die den größten Unterschied machen. Ein gespartes Mittagessen hier, ein gesparter Kaffee dort – summiert sich zu Hunderten, wenn nicht sogar Tausenden von Euro im Laufe eines Jahres.

Das Prinzip der "Kleinvieh macht auch Mist"

Viele Menschen neigen dazu, kleine Ausgaben zu unterschätzen, weil sie auf den ersten Blick nicht ins Gewicht zu fallen scheinen. Ein Coffee-to-go für 3 Euro, ein Snack für 2 Euro oder das Streaming-Abo für 10 Euro – all diese Ausgaben wirken isoliert betrachtet geringfügig. Doch auf das Jahr hochgerechnet ergeben sie eine erstaunliche Summe. Dieses Phänomen wird oft als das "Latte-Effekt"-Prinzip bezeichnet, bei dem kleine, regelmäßige Ausgaben unbemerkt eine erhebliche finanzielle Belastung darstellen.

Ein erster Schritt, um effektiver zu sparen, besteht darin, diese kleinen, vermeidbaren Ausgaben zu identifizieren und zu reduzieren. Sie müssen nicht auf alle Annehmlichkeiten verzichten, aber ein bewussterer Umgang mit diesen täglichen Kleinigkeiten kann Ihnen helfen, Ihre Sparziele zu erreichen.

Automatisiertes Sparen: Der einfachste Weg, Geld zu sparen

Eine der effektivsten Techniken, um regelmäßig Geld zu sparen, ist das automatisierte Sparen. Beim automatisierten Sparen wird ein bestimmter Betrag Ihres Einkommens automatisch auf ein separates Sparkonto überwiesen, sobald Ihr Gehalt eingeht. Diese Methode hat den Vorteil, dass sie keine aktive Entscheidung Ihrerseits erfordert – das Geld wird automatisch für Sie zurückgelegt, ohne dass Sie darüber nachdenken müssen.

Vorteile des automatisierten Sparens

Der Hauptvorteil des automatisierten Sparens besteht darin, dass es den Impuls des Geldausgebens minimiert. Wenn das Geld bereits auf Ihrem Sparkonto liegt, ist die Versuchung geringer, es für spontane Käufe auszugeben. Darüber hinaus hilft Ihnen diese Technik, ein konstantes Sparverhalten zu etablieren, da Sie regelmäßig einen festen Betrag zur Seite legen.
Ein weiterer Vorteil ist, dass Sie Ihre finanziellen Ziele besser erreichen können, wenn das Sparen zur Gewohnheit wird. Indem Sie das Sparen als festen Bestandteil Ihrer monatlichen Budgetplanung integrieren, wird es zu einer Selbstverständlichkeit – und Sie bauen nach und nach ein solides finanzielles Polster auf.

So richten Sie automatisiertes Sparen ein

Das Einrichten eines automatisierten Sparplans ist einfach und schnell erledigt. Die meisten Banken bieten die Möglichkeit, einen Dauerauftrag einzurichten, der automatisch einen festgelegten Betrag von Ihrem Gehaltskonto auf ein Sparkonto überweist. Achten Sie darauf, einen Betrag zu wählen, den Sie ohne Probleme regelmäßig sparen können, um Ihre Liquidität nicht zu gefährden.

Wenn Sie zum Beispiel jeden Monat 200 Euro automatisch sparen, haben Sie nach einem Jahr bereits 2.400 Euro auf Ihrem Konto. Über die Jahre hinweg können Sie so ein beachtliches Vermögen aufbauen, ohne große Veränderungen in Ihrem Alltag vorzunehmen.

Haushaltsbuch führen: Der Schlüssel zu bewussterem Ausgeben

Einer der größten Stolpersteine beim Sparen ist das mangelnde Bewusstsein darüber, wie viel und wofür man eigentlich Geld ausgibt. Viele Menschen sind sich gar nicht bewusst, dass sie viel mehr ausgeben, als sie denken. Hier kommt das Führen eines Haushaltsbuchs ins Spiel.

Was ist ein Haushaltsbuch?

Ein Haushaltsbuch ist eine einfache Methode, um alle Ihre Einnahmen und Ausgaben zu dokumentieren und sich einen klaren Überblick über Ihre finanzielle Situation zu verschaffen. Indem Sie jeden Euro, den Sie ausgeben, festhalten, bekommen Sie ein besseres Verständnis dafür, wo Ihr Geld hingeht und in welchen Bereichen Einsparpotenzial besteht.

Sie können ein Haushaltsbuch entweder klassisch in Papierform führen oder eine der vielen Apps nutzen, die Ihnen bei der Verwaltung Ihrer Finanzen helfen. Wichtig ist, dass Sie konsequent und ehrlich jede Ausgabe festhalten, auch wenn sie noch so klein erscheint.

Vorteile eines Haushaltsbuchs

Das Führen eines Haushaltsbuchs hat mehrere Vorteile:

Bewusstsein für Ausgaben: Indem Sie jede Ausgabe dokumentieren, entwickeln Sie ein besseres Gefühl für Ihr Konsumverhalten und erkennen, in welchen Bereichen Sie möglicherweise über Ihre Verhältnisse leben.

Identifikation von Einsparpotenzial: Wenn Sie regelmäßig alle Ausgaben festhalten, werden Sie schnell feststellen, wo unnötige Ausgaben getätigt werden und wo Sparpotenzial liegt.

Besseres Budgetmanagement: Ein Haushaltsbuch hilft Ihnen dabei, Ihr Budget besser zu verwalten und gezielt zu planen. Sie können Ihre Einnahmen und Ausgaben besser koordinieren und sicherstellen, dass Sie genug Geld für wichtige Ausgaben und Sparziele beiseitelegen.

Wie Sie ein Haushaltsbuch effektiv führen

Um ein Haushaltsbuch effektiv zu führen, ist es wichtig, regelmäßig und konsequent Ihre Einnahmen und Ausgaben zu notieren. Dies kann entweder täglich oder wöchentlich geschehen, je nachdem, was für Sie am besten funktioniert. Es empfiehlt sich, Ihre Ausgaben in Kategorien wie Lebensmittel, Freizeit, Fixkosten, Transport usw. zu unterteilen, um einen besseren Überblick zu behalten.
Ein weiteres nützliches Hilfsmittel ist die Erstellung von Monats- oder Quartalsberichten. Diese helfen Ihnen dabei, langfristige Trends in Ihrem Ausgabeverhalten zu erkennen und gezielt Anpassungen vorzunehmen.

Der 24-Stunden-Plan: Impulskäufe vermeiden

Eine der größten Herausforderungen für viele Menschen ist es, Impulskäufe zu vermeiden. Es ist leicht, im Moment der Verlockung schnell etwas zu kaufen, ohne darüber nachzudenken, ob man es wirklich braucht. Eine effektive Technik, um diesem Verhalten entgegenzuwirken, ist der 24-Stunden-Plan.

Was ist der 24-Stunden-Plan?

Der 24-Stunden-Plan besagt, dass Sie sich bei größeren, nicht geplanten Käufen 24 Stunden Zeit geben, bevor Sie die Entscheidung treffen. Das Ziel dieser Methode ist es, impulsive Entscheidungen zu vermeiden und sich stattdessen bewusst Zeit für die Überlegung zu nehmen, ob der Kauf wirklich notwendig ist.

Wie der 24-Stunden-Plan funktioniert

Wenn Sie etwas kaufen möchten, das nicht auf Ihrer ursprünglichen Einkaufsliste steht, halten Sie inne und geben Sie sich selbst 24 Stunden, um über den Kauf nachzudenken. Während dieser Zeit können Sie sich fragen:

Brauche ich das wirklich?
Passt dieser Kauf in mein Budget?
Werde ich diesen Artikel auch in einer Woche oder einem Monat noch nützlich finden?
Oft wird der anfängliche Drang, etwas zu kaufen, nach 24 Stunden verschwinden – und Sie werden froh sein, dass Sie das Geld gespart haben. Diese einfache Methode kann Ihnen helfen, unnötige Ausgaben zu vermeiden und Ihr Budget effizienter zu verwalten.

Den Geldfluss steuern: Einnahmen erhöhen und Ausgaben optimieren

Finanzielle Freiheit und Stabilität erreichen Sie nicht allein durch Sparen oder Ausgabenkontrolle – auch die Steigerung der Einnahmen und eine bewusste Optimierung der Ausgaben spielen eine entscheidende Rolle. Diese beiden Ansätze gehen Hand in Hand, um ein nachhaltiges finanzielles Wachstum zu ermöglichen. Während es wichtig ist, achtsam mit Ihren Ausgaben umzugehen, sollten Sie auch daran arbeiten, zusätzliche Einkommensquellen zu erschließen, um Ihre finanzielle Situation weiter zu verbessern.

In diesem Kapitel werden wir uns damit beschäftigen, wie Sie Ihre Einnahmen erhöhen und Ihre Ausgaben optimieren können, um Ihre finanziellen Ziele effektiver und schneller zu erreichen. Es gibt viele Möglichkeiten, den Geldfluss zu steuern, und indem Sie beide Seiten – Einnahmen und Ausgaben – in Einklang bringen, schaffen Sie sich die Grundlage für langfristigen Wohlstand.

Einnahmen erhöhen: Möglichkeiten zur Steigerung des Einkommens

Eine der effektivsten Strategien, um finanzielle Freiheit zu erlangen, besteht darin, zusätzliche Einkommensquellen zu schaffen oder bestehende zu maximieren. Das Erhöhen Ihrer Einnahmen gibt Ihnen nicht nur mehr finanzielle Flexibilität, sondern erleichtert es Ihnen auch, mehr zu sparen und Ihre Ziele schneller zu erreichen.

Nebenverdienste und Nebenjobs
Viele Menschen entscheiden sich dafür, neben ihrer regulären Arbeit einen Nebenjob anzunehmen, um zusätzliches Geld zu verdienen. Dies kann in Form von Freelance-Arbeiten, temporären Tätigkeiten oder sogar der Monetarisierung von Hobbys erfolgen. Beispiele für Nebenverdienste sind:
- Freelance-Arbeiten: Wenn Sie über Fähigkeiten in den Bereichen Schreiben, Design, Programmierung oder

Beratung verfügen, können Sie Ihre Dienste über Plattformen wie Upwork oder Fiverr anbieten. Viele Menschen nutzen ihre beruflichen Fähigkeiten, um außerhalb ihrer Haupttätigkeit zusätzliches Geld zu verdienen.
- Teilzeitjobs oder Wochenendarbeit: Ein Nebenjob am Wochenende oder abends, beispielsweise in der Gastronomie, im Einzelhandel oder als Zusteller, kann Ihre monatlichen Einnahmen erheblich steigern.
- Online-Verkauf: Plattformen wie eBay, Etsy oder Amazon bieten Möglichkeiten, gebrauchte Gegenstände, handgemachte Produkte oder sogar eigene Dienstleistungen zu verkaufen.

Passive Einkommensquellen aufbauen
Neben aktiven Einkommensquellen kann die Erstellung passiver Einkommensströme eine sehr effektive Methode sein, um langfristig Geld zu verdienen, ohne ständig Zeit und Arbeit investieren zu müssen. Dies erfordert zwar anfangs oft eine Investition von Zeit oder Geld, kann aber langfristig zu einer stabilen Einkommensquelle werden. Beispiele für passive Einkommensströme sind:
- Investieren in Aktien oder Fonds: Durch Investitionen in Dividendenaktien oder Exchange-Traded Funds (ETFs) können Sie passives Einkommen generieren. Dabei erzielen Sie Einnahmen durch Dividenden oder Kapitalgewinne.
- Immobilieninvestitionen: Der Kauf von Immobilien zur Vermietung ist eine der traditionellsten Formen von passivem Einkommen. Mieteinnahmen bieten eine stetige Einnahmequelle, und die Immobilie kann im Laufe der Zeit an Wert gewinnen.
- Online-Kurse oder E-Books erstellen: Wenn Sie Fachwissen in einem bestimmten Bereich haben, können Sie digitale Produkte wie Kurse, E-Books oder Tutorials erstellen und über Plattformen wie Udemy oder Amazon verkaufen.

Einmal erstellt, können diese Produkte immer wieder verkauft werden.
- Affiliate-Marketing: Wenn Sie eine Website, einen Blog oder eine Social-Media-Präsenz haben, können Sie durch das Bewerben von Produkten und Dienstleistungen über Affiliate-Links eine Provision verdienen.

Gehaltsverhandlungen
Eine oft übersehene Möglichkeit, die Einnahmen zu steigern, besteht darin, aktiv mit Ihrem aktuellen Arbeitgeber über eine Gehaltserhöhung zu verhandeln. Wenn Sie in Ihrer Position erfolgreich sind und nachweislich zur Wertschöpfung des Unternehmens beitragen, könnte es an der Zeit sein, eine Gehaltserhöhung zu fordern. Tipps für erfolgreiche Gehaltsverhandlungen:
- Recherche: Stellen Sie sicher, dass Sie den Marktwert Ihrer Position und Ihrer Fähigkeiten kennen. Informieren Sie sich über Gehaltsstrukturen in Ihrer Branche und Region.
- Leistung hervorheben: Dokumentieren Sie Ihre Erfolge und Leistungen im Unternehmen, um Ihren Wert klar zu kommunizieren.
- Richtiger Zeitpunkt: Wählen Sie einen günstigen Zeitpunkt für die Verhandlungen, zum Beispiel nach einem erfolgreichen Projekt oder bei positiver Geschäftsentwicklung des Unternehmens.

Ausgaben optimieren: Weniger ausgeben, ohne zu verzichten

Neben der Erhöhung Ihrer Einnahmen besteht der zweite Teil des Geldflussmanagements darin, Ihre Ausgaben zu optimieren. Dabei geht es nicht nur darum, weniger Geld auszugeben, sondern Ihre Ausgaben bewusst zu steuern und sicherzustellen, dass Sie für Ihr Geld den besten Gegenwert erhalten.

Fixkosten reduzieren
Die größten Kostenpunkte in Ihrem Budget sind in der Regel Ihre Fixkosten – Miete, Versicherungen, Kredite und andere regelmäßige Verpflichtungen. Diese monatlichen Ausgaben können eine erhebliche Belastung darstellen, aber oft gibt es Möglichkeiten, diese Kosten zu reduzieren.

- Miete verhandeln oder umziehen: Wenn Sie schon lange in derselben Wohnung leben, könnte es sich lohnen, mit Ihrem Vermieter über eine Mietminderung zu sprechen. Alternativ kann ein Umzug in eine günstigere Wohnung oder ein kleineres Haus erhebliche Einsparungen bringen.
- Versicherungen vergleichen: Viele Menschen zahlen mehr für Versicherungen, als notwendig ist. Durch einen jährlichen Vergleich Ihrer Versicherungspolicen (Auto, Hausrat, Haftpflicht usw.) können Sie oft bessere Angebote finden.
- Schulden refinanzieren: Wenn Sie Kredite haben, sollten Sie regelmäßig prüfen, ob es sich lohnt, diese zu refinanzieren. Niedrigere Zinssätze oder neue Kreditbedingungen können Ihre monatlichen Rückzahlungsraten erheblich senken.

Variable Kosten im Blick behalten
Während Fixkosten oft schwer zu verändern sind, bieten variable Kosten wie Lebensmittel, Unterhaltung und Transport viele Möglichkeiten zur Optimierung.

- Lebensmittelbudget straffen: Planen Sie Ihre Mahlzeiten im Voraus und kaufen Sie nach einer Liste ein, um Impulskäufe zu vermeiden. Erwägen Sie auch den Kauf von generischen Marken, die oft günstiger und von gleicher Qualität wie bekannte Marken sind.
- Selbst kochen: Der tägliche Verzehr von Restaurantmahlzeiten oder das Bestellen von Essen kann teuer werden. Durch das Kochen zu Hause und das Vorkochen für die Woche können Sie viel Geld sparen.

- Transportkosten senken: Überlegen Sie, ob Sie auf öffentliche Verkehrsmittel umsteigen oder Fahrgemeinschaften bilden können, um die Kosten für den täglichen Arbeitsweg zu reduzieren. Auch ein Umstieg auf das Fahrrad kann erhebliche Einsparungen bringen.

Abo-Fallen und unnötige Ausgaben eliminieren
Ein häufiger Stolperstein im Budget sind Abonnements und Mitgliedschaften, die automatisch abgebucht werden, ohne dass Sie sie aktiv nutzen.
- Überprüfung von Abonnements: Überprüfen Sie regelmäßig Ihre Abos (z. B. für Streaming-Dienste, Zeitschriften oder Fitnessstudios) und kündigen Sie solche, die Sie nicht mehr oder nur selten nutzen.
- Kostenfalle Kreditkarte: Achten Sie auf unnötige Kreditkartengebühren oder hohe Zinssätze, die sich bei unbedachtem Einsatz der Karte summieren können. Setzen Sie lieber auf bargeldlose Zahlungsmethoden ohne Gebühren oder nutzen Sie Debitkarten, um eine direkte Kontrolle über Ihre Ausgaben zu behalten.

Rabatte und Cashback-Programme nutzen
Ein weiterer Ansatz zur Ausgabenoptimierung besteht darin, Rabatte, Sonderangebote und Cashback-Programme zu nutzen, um das meiste aus Ihren Einkäufen herauszuholen.
- Cashback-Karten und -Apps: Viele Kreditkarten und Apps bieten Cashback-Boni auf alltägliche Einkäufe, z. B. für Lebensmittel oder Tanken. Mit diesen Programmen erhalten Sie einen Teil des Geldes, das Sie ausgeben, zurück.
- Coupons und Rabattaktionen: Vor größeren Einkäufen lohnt es sich, nach Rabatten oder Gutscheinen zu suchen, insbesondere für Produkte des täglichen Bedarfs.
- Treueprogramme: Nutzen Sie die Vorteile von Kundenbindungsprogrammen bei Geschäften oder Online-

Plattformen, um durch Punkte oder exklusive Rabatte zusätzliches Geld zu sparen.

Automatisierung von Sparprozessen

Die Automatisierung von Sparprozessen ist ein entscheidender Schritt auf dem Weg zur finanziellen Freiheit. Sie hilft dabei, das Sparen zu einem festen Bestandteil Ihres täglichen Lebens zu machen, ohne dass Sie ständig darüber nachdenken müssen. In einer Welt, die immer schneller wird und in der es viele Ablenkungen gibt, kann die Automatisierung Ihrer Sparroutinen Ihnen helfen, langfristig erfolgreich zu sein, indem sie den Prozess vereinfacht und Ihnen gleichzeitig mehr Kontrolle über Ihre Finanzen gibt.

In diesem Kapitel werden wir uns umfassend mit der Automatisierung von Sparprozessen befassen. Dabei geht es um die Bedeutung der Automatisierung, die verschiedenen Arten der Sparautomatisierung, die Tools und Technologien, die Sie nutzen können, sowie die praktischen Schritte, um Sparprozesse effizient zu gestalten. Ziel ist es, dass Sie nach der Lektüre dieses Kapitels in der Lage sind, eine persönliche Sparstrategie zu entwickeln, die Ihnen hilft, Ihre finanziellen Ziele systematisch und mühelos zu erreichen.

Warum Automatisierung des Sparens so wichtig ist

Sparen ist oft leichter gesagt als getan. Auch wenn die meisten Menschen wissen, dass sie mehr sparen sollten, fällt es vielen schwer, regelmäßig Geld beiseitezulegen. Die Gründe hierfür sind vielfältig: von unvorhergesehenen Ausgaben über mangelnde Disziplin bis hin zu der schlichten Tatsache, dass Sparen oft in den Hintergrund tritt, wenn der Alltag stressig wird. Hier kommt die Automatisierung ins Spiel.

Konsistenz ohne Disziplin

Automatisierung bringt Konsistenz in Ihre Spargewohnheiten, ohne dass Sie sich ständig selbst disziplinieren müssen. Wenn Ihre Sparbeiträge automatisch von Ihrem Girokonto abgebucht und auf ein Sparkonto oder eine Investition überwiesen werden, müssen Sie keine bewussten Entscheidungen mehr treffen, was das Risiko verringert, dass Sie aus Bequemlichkeit oder aufgrund anderer Ausgaben das Sparen vernachlässigen. Ein automatisiertes System eliminiert die Versuchung, das Geld auszugeben, bevor Sie es sparen.

Nutzung der Macht des Zinseszinses

Ein weiterer wichtiger Aspekt der Automatisierung ist, dass Sie den Zinseszinseffekt optimal nutzen können. Je früher und regelmäßiger Sie sparen, desto mehr profitiert Ihr Geld von den Zinsen auf Ihre Ersparnisse oder Investitionen. Automatisierte Sparpläne sorgen dafür, dass Sie konsequent einzahlen und so den maximalen Nutzen aus Ihren finanziellen Anlagen ziehen.

Emotionale Distanz

Sparen kann emotionale Entscheidungen mit sich bringen, besonders wenn Sie sich für den Moment entscheiden müssen, ob Sie Geld für eine Anschaffung oder auf ein Sparkonto überweisen. Automatisierung nimmt diese emotionalen Faktoren aus der Gleichung, da die Entscheidungen bereits im Vorfeld getroffen und festgelegt wurden. Sie müssen sich keine Gedanken darüber machen, ob Sie heute sparen sollten oder nicht – es passiert einfach von selbst.

Zeitersparnis

Neben der emotionalen Erleichterung bietet die Automatisierung auch eine erhebliche Zeitersparnis. Wenn alle finanziellen Transaktionen automatisch ablaufen, können Sie sich auf wichtigere Dinge im Leben konzentrieren, während Ihre Finanzen im Hintergrund organisiert werden. Dies führt zu einem effizienteren und stressfreien Umgang mit Geld.

Arten der Automatisierung im Sparprozess

Es gibt verschiedene Möglichkeiten, wie Sie den Sparprozess automatisieren können. Diese hängen von Ihren individuellen finanziellen Zielen, Ihrer Lebenssituation und Ihren technischen Vorlieben ab. Hier sind einige der gängigsten Methoden, um Ihre Sparziele zu automatisieren:

Automatische Überweisungen

Die einfachste und eine der häufigsten Methoden, um das Sparen zu automatisieren, ist die automatische Überweisung. Sie können bei Ihrer Bank einen Dauerauftrag einrichten, der monatlich, wöchentlich oder nach einem anderen Zeitplan einen festen Betrag von Ihrem Gehaltskonto auf ein Sparkonto oder in eine Investition überweist. Dies kann zum Beispiel am Tag nach Ihrem Gehaltseingang geschehen, sodass Sie sicherstellen, dass Sie zuerst sparen, bevor Sie das übrige Geld für Ausgaben verwenden.

Gehaltsumleitung

Eine ähnliche Methode besteht darin, einen Teil Ihres Gehalts direkt auf ein separates Konto umzuleiten, anstatt es zunächst auf Ihr Hauptkonto einzuzahlen. Dies kann besonders nützlich sein, wenn Sie zu den Menschen gehören, die das Geld auf ihrem Hauptkonto als verfügbares Einkommen ansehen und es somit schneller ausgeben. Durch die Umleitung eines Teils des Gehalts auf ein Sparkonto oder ein Investitionskonto wird der gesparte Betrag quasi "unsichtbar", was die Versuchung reduziert, das Geld auszugeben.

Investitionspläne

Automatisierte Sparpläne für Investitionen sind eine weitere beliebte Methode. Sie können beispielsweise bei Banken oder Investmentplattformen einen Sparplan für Aktien, ETFs oder andere Finanzprodukte einrichten, bei dem regelmäßig feste Beträge in bestimmte Anlageprodukte investiert werden. Dies hat den Vorteil, dass Sie von den Schwankungen des Marktes profitieren können (Dollar-Cost-Averaging-Prinzip), indem Sie sowohl bei niedrigen als auch bei hohen Kursen kaufen.

Mikro-Sparen

Eine neuere Entwicklung im Bereich des Sparens ist das sogenannte Mikro-Sparen. Dabei werden kleine, scheinbar unbedeutende Beträge automatisch gespart, ohne dass Sie es bewusst wahrnehmen. Ein Beispiel hierfür sind Aufrundungs-Apps, die Ihre Einkäufe auf den nächsten Euro oder Dollar aufrunden und die Differenz auf ein Sparkonto überweisen. Solche kleinen Beträge summieren sich im Laufe der Zeit und können eine überraschend effektive Sparmethode sein.

Automatische Schuldentilgung

Neben dem reinen Sparen können Sie auch Ihre Schuldentilgung automatisieren. Wenn Sie regelmäßig Kredite oder Kreditkartenschulden zurückzahlen, können Sie automatische Zahlungen einrichten, um sicherzustellen, dass Sie Ihre Schulden konsistent und ohne Verzögerung abbauen. Dies kann Ihnen helfen, Zinskosten zu minimieren und schneller schuldenfrei zu werden.

Tools und Technologien zur Automatisierung

Die digitale Revolution hat den Prozess der Automatisierung stark vereinfacht und ermöglicht eine Vielzahl von Tools und Apps, die Ihnen helfen können, Sparprozesse reibungslos in Ihren Alltag zu integrieren. Einige dieser Tools bieten nicht nur einfache Funktionen zur Automatisierung, sondern auch zusätzliche Analysetools, um Ihre Finanzen besser zu verstehen und zu optimieren.

Banking-Apps

Die meisten Banken bieten heutzutage mobile Apps, mit denen Sie automatische Überweisungen und Investitionen bequem von Ihrem Smartphone aus einrichten und verwalten können. Diese Apps bieten oft Funktionen wie:
- Daueraufträge für Überweisungen auf Sparkonten.
- Automatische Ratenzahlungen für Kredite oder Rechnungen.
- Benachrichtigungen, die Sie über anstehende Zahlungen oder den Status Ihrer Sparziele informieren.

Aufrundungs-Apps

Apps wie Qapital, Acorns oder Revolut bieten innovative Funktionen, um das Mikro-Sparen zu automatisieren. Sie runden Einkäufe automatisch auf und legen die Differenz auf einem Sparkonto an. Diese Methode ist besonders nützlich für Menschen, die Schwierigkeiten haben, größere Geldbeträge zu sparen, und dennoch regelmäßig etwas zurücklegen möchten.

Finanzmanagement-Apps

Apps wie YNAB (You Need A Budget), Mint oder Toshl Finance helfen Ihnen nicht nur dabei, Ihre Finanzen zu verwalten, sondern auch Sparziele zu setzen und diese durch Automatisierung zu erreichen. Sie bieten Funktionen wie:

- Budgetierungstools, die Ihnen zeigen, wie viel Sie monatlich sparen können.
- Automatisierte Sparziele, bei denen die App Sie regelmäßig an Ihre Fortschritte erinnert und automatisch Geld für Sie zur Seite legt.
- Benachrichtigungen, die Sie informieren, wenn Sie sich einem festgelegten Sparziel nähern.

Robo-Advisors

Robo-Advisors wie Wealthfront, Betterment oder Scalable Capital bieten automatisierte Investitionslösungen. Diese Plattformen nutzen Algorithmen, um Ihr Geld gemäß Ihren finanziellen Zielen und Ihrer Risikobereitschaft in verschiedene Anlageklassen zu investieren. Sie ermöglichen es Ihnen, regelmäßig kleine oder große Beträge automatisch zu investieren, ohne dass Sie sich selbst um die Verwaltung Ihres Portfolios kümmern müssen.

Automatisierte Rentenpläne

In vielen Ländern gibt es die Möglichkeit, in betriebliche Altersvorsorgepläne oder staatlich geförderte Rentensysteme einzuzahlen. Diese Beiträge werden in der Regel automatisch vom Gehalt abgezogen, was eine weitere Form der Sparautomatisierung darstellt. Diese Systeme sind besonders nützlich, da sie nicht nur das regelmäßige Sparen sicherstellen, sondern auch steuerliche Vorteile bieten können.

Praktische Schritte zur Automatisierung des Sparprozesses

Die Automatisierung des Sparens ist ein einfacher und effizienter Weg, um konsequent Vermögen aufzubauen, ohne ständig aktiv daran denken zu müssen. Um diesen Prozess erfolgreich zu starten, sind einige klare Schritte notwendig.
Zunächst sollten Sie Ihre finanziellen Ziele festlegen. Überlegen Sie, wie viel Sie monatlich sparen möchten und wofür – sei es ein Notgroschen, der Kauf eines Hauses oder die Altersvorsorge. Klare Ziele helfen dabei, den Betrag festzulegen, den Sie regelmäßig zurücklegen wollen.

Im nächsten Schritt können Sie bei Ihrer Bank oder über Ihre Banking-App einen Dauerauftrag einrichten. Dieser überweist automatisch einen festen Betrag von Ihrem Gehaltskonto auf Ihr Sparkonto oder eine Investition, etwa direkt nach dem Gehaltseingang. So stellen Sie sicher, dass Sie regelmäßig sparen, ohne dass Sie es aktiv tun müssen.

Zusätzlich können Sie Spar-Apps oder Aufrundungsprogramme nutzen. Diese Tools legen automatisch kleine Beträge im Alltag zurück, indem sie beispielsweise Einkäufe aufrunden und die Differenz auf ein Sparkonto überweisen. Solche kleinen Summen summieren sich im Laufe der Zeit und unterstützen Sie dabei, zusätzlich zu Ihren festen Sparraten kontinuierlich Geld zurückzulegen.

Ein weiterer praktischer Schritt ist die Einrichtung von automatisierten Investitionsplänen. Viele Investmentplattformen bieten die Möglichkeit, regelmäßig in Fonds, ETFs oder Aktien zu investieren. Dadurch profitieren Sie automatisch vom sogenannten „Dollar-Cost-Averaging", bei dem Sie durch regelmäßige Einzahlungen Kursschwankungen glätten.

Es ist wichtig, dass Sie Ihre automatisierten Sparprozesse regelmäßig überprüfen und anpassen. Verändert sich Ihr Einkommen oder Ihre Ausgaben, sollten Sie sicherstellen, dass Ihre Sparbeträge weiterhin zu Ihren finanziellen Zielen passen. Durch diese Automatisierung gewinnen Sie nicht nur mehr Kontrolle über Ihre Finanzen, sondern entlasten sich auch von der täglichen Entscheidungsfindung rund um das Thema Sparen.

Investieren und Vermögensaufbau

Wer finanzielle Freiheit erreichen möchte, wird irgendwann erkennen, dass reines Sparen allein oft nicht ausreicht. Vermögensaufbau erfordert eine langfristige Strategie, bei der das Investieren eine zentrale Rolle spielt. Im Kapitel "Investieren und Vermögensaufbau" lernen Sie, wie Sie Ihr Geld gezielt und strategisch anlegen, um es für sich arbeiten zu lassen. Sie erfahren die Grundlagen von Investitionen und wie Sie ein Portfolio aufbauen, das zu Ihren persönlichen Zielen, Ihrer Risikobereitschaft und Ihrem Zeitrahmen passt.

Ob Aktien, Anleihen, Immobilien oder ETFs – dieses Kapitel führt Sie Schritt für Schritt durch die verschiedenen Anlageklassen und gibt Ihnen praktische Tipps, wie Sie Ihr Vermögen langfristig aufbauen und finanzielle Sicherheit schaffen können. So wird das Investieren zu einem festen Bestandteil Ihrer Budgetstrategie und unterstützt Sie effektiv auf Ihrem Weg zur finanziellen Freiheit.

Grundlagen des Investierens

Investieren ist eine der wichtigsten Methoden, um langfristig Vermögen aufzubauen und finanzielle Freiheit zu erreichen. Die Idee des Investierens ist einfach: Geld wird so eingesetzt, dass es im Laufe der Zeit mehr Wert gewinnt und den Anleger so seinen finanziellen Zielen näherbringt. Doch bevor man als Anleger seine erste Investition tätigt, ist es essenziell, sich mit den grundlegenden Prinzipien vertraut zu machen, die Investitionen erfolgreich und vor allem nachhaltig gestalten. Ein Verständnis der wichtigsten Grundsätze und Überlegungen beim Investieren ist der erste Schritt, um eine solide Basis für den Vermögensaufbau zu schaffen.

Zielsetzung und Planung: Der Grundstein des Vermögensaufbaus

Ein klarer Plan und gut definierte Ziele sind das Fundament jeder Anlagestrategie. Wer ohne festes Ziel investiert, verliert leicht den Überblick und läuft Gefahr, Entscheidungen impulsiv oder ohne klare Richtung zu treffen. Der erste Schritt zu einer erfolgreichen Anlagestrategie besteht darin, sich darüber klar zu werden, was man mit seinen Investitionen erreichen möchte.

Kurz-, Mittel- und Langfristige Ziele

- Kurzfristige Ziele: Diese sind in der Regel innerhalb von 1–3 Jahren erreichbar. Für solche Ziele eignet sich eine konservative Strategie, da der Zeitraum zu kurz ist, um Schwankungen ausgleichen zu können.

- Mittelfristige Ziele: Ziele, die in einem Zeitraum von 3–10 Jahren erreicht werden sollen, erfordern eine Kombination aus Sicherheit und Wachstumspotenzial.
- Langfristige Ziele: Ziele, die in mehr als 10 Jahren erreicht werden sollen, bieten Raum für risikoreichere Ansätze. Hier profitiert man besonders vom sogenannten Zinseszinseffekt.

Die genaue Definition dieser Ziele beeinflusst, wie viel Risiko Sie eingehen und wie flexibel Ihr Portfolio gestaltet werden sollte.

Risikoprofil und persönliche Umstände

Das Risikoprofil ist ein essenzieller Bestandteil der Anlagestrategie und hängt stark von den individuellen Präferenzen, der Lebenssituation und der finanziellen Situation ab. Ein jüngerer Anleger mit stabilem Einkommen kann beispielsweise mehr Risiko tragen, während ein älterer Anleger möglicherweise konservativere Entscheidungen trifft, um sein Kapital zu schützen.

Der Zinseszinseffekt: Die Macht des langfristigen Denkens

Ein wesentlicher Grund, warum langfristiges Investieren so vorteilhaft ist, liegt im Zinseszinseffekt. Dieser Effekt bewirkt, dass Gewinne aus Investitionen wiederum Erträge erwirtschaften, wodurch das Kapital exponentiell wächst. Der Zinseszinseffekt benötigt Zeit, um seine volle Wirkung zu entfalten, weshalb ein früher Einstieg entscheidend ist. Auch kleinere, regelmäßige Investitionen können über Jahrzehnte eine beachtliche Summe erbringen.

Der Zinseszinseffekt veranschaulicht, dass kontinuierliches Investieren und Geduld entscheidend für den Vermögensaufbau sind. Die Berechnung erfolgt, indem die Erträge wieder in das Kapital reinvestiert werden, sodass das Kapital in immer größerem Maße anwächst.

Risikomanagement und Diversifikation: Stabilität durch Streuung

Beim Investieren ist das Ziel nicht nur, Gewinne zu erzielen, sondern auch Risiken zu minimieren. Deshalb ist Risikomanagement eine der grundlegenden Fertigkeiten, die jeder Anleger beherrschen sollte. Ein wesentlicher Bestandteil des Risikomanagements ist die Diversifikation, die Verteilung des Kapitals auf unterschiedliche Anlagen, um Schwankungen und Verluste zu reduzieren.

Das Risiko verstehen und einschätzen

Investieren bedeutet immer auch, Risiken einzugehen. Diese Risiken können unterschiedliche Formen annehmen, wie z. B. Marktrisiko, Inflationsrisiko oder Liquiditätsrisiko. Jeder Anleger sollte sich der Risiken bewusst sein und diese einschätzen können. Das Verständnis der eigenen Risikobereitschaft und des eigenen Risikoprofils ist entscheidend, um die passende Strategie zu wählen.

Diversifikation als Grundprinzip des Risikomanagements

Diversifikation bedeutet, das Kapital so zu verteilen, dass Verluste in einer Anlage durch Gewinne in einer anderen ausgeglichen werden können. Diversifikation reduziert die Volatilität und sorgt für eine stabilere Wertentwicklung des Portfolios. Sie kann auf verschiedene Weisen erreicht werden, z. B. durch die Verteilung auf verschiedene Sektoren, geografische Regionen oder Anlageformen. Das Ziel ist es, das Risiko so breit wie möglich zu streuen und gleichzeitig das Potenzial für Gewinne zu maximieren.

Disziplin und Geduld: Erfolgsfaktoren im Investieren

Erfolgreiches Investieren erfordert Disziplin und die Fähigkeit, geduldig zu bleiben, selbst in Zeiten von Marktschwankungen. Oft werden emotionale Entscheidungen getroffen, die auf kurzfristigen Ereignissen basieren, was jedoch langfristig die Rendite mindern kann. Deshalb ist es ratsam, eine feste Anlagestrategie zu verfolgen und sich nicht von kurzfristigen Schwankungen aus der Ruhe bringen zu lassen.

Emotionen und rationales Handeln

Emotionen können ein großer Stolperstein im Investieren sein. In Zeiten von Kursverlusten neigen viele Anleger dazu, überstürzt zu handeln und ihre Investitionen abzustoßen, was häufig zu realisierten Verlusten führt. Ebenso ist die Euphorie bei steigenden Kursen gefährlich, da Anleger dazu neigen, übermäßig zu investieren, ohne die Risiken zu bedenken.

Die Bedeutung eines langfristigen Anlagehorizonts

Investieren sollte als langfristiges Projekt betrachtet werden. Kursschwankungen und kurzfristige Verluste sind unvermeidlich und sollten als Teil des Prozesses gesehen werden. Ein langfristiger Anlagehorizont hilft, Schwankungen auszugleichen und von der durchschnittlichen Wertsteigerung über die Jahre hinweg zu profitieren.

Die Bedeutung der laufenden Überwachung und Anpassung

Die Märkte und persönlichen Umstände verändern sich kontinuierlich. Deshalb ist es notwendig, regelmäßig die eigene Anlagestrategie und das Portfolio zu überprüfen und gegebenenfalls anzupassen. Dies bedeutet jedoch nicht, dass man bei jeder Marktschwankung reagieren sollte. Vielmehr geht es darum, periodisch zu evaluieren, ob die ursprünglichen Ziele und die Strategie weiterhin den aktuellen Lebensumständen und Marktbedingungen entsprechen.

Strategien zur regelmäßigen Überprüfung

Ein fester Rhythmus, z. B. vierteljährlich oder jährlich, um das Portfolio zu überprüfen, reicht in den meisten Fällen aus. Dabei können Sie prüfen, ob die Gewichtung der einzelnen Positionen noch den ursprünglich festgelegten Werten entspricht und ob Anpassungen sinnvoll sind.

Die Rolle von Rebalancing

Rebalancing bezeichnet die Methode, bei der das Portfolio regelmäßig wieder auf die gewünschte Verteilung zurückgeführt wird. Wenn z. B. eine Anlageform besser performt und dadurch einen größeren Anteil im Portfolio einnimmt als geplant, verkauft man einen Teil davon und investiert in andere Anlageformen, um das Risiko und die ursprüngliche Balance zu erhalten.

Kostenbewusstsein und Effizienz

Die Kosten spielen beim Investieren eine zentrale Rolle. Auch kleine Gebühren können sich über die Jahre zu einem beachtlichen Betrag summieren und die Rendite erheblich mindern. Ein kostenbewusster Ansatz, bei dem Sie auf die Gebühren achten, sorgt dafür, dass Ihre Gewinne maximiert werden.

Vergleich von Gebührenstrukturen

Verschiedene Anlageformen und -produkte haben unterschiedliche Gebührenmodelle. Bei der Auswahl von Investments ist es sinnvoll, die Gebührenstrukturen zu vergleichen, um möglichst effizient zu investieren und unnötige Kosten zu vermeiden.

Die Bedeutung der Nettorendite

Die Nettorendite ist die tatsächliche Rendite nach Abzug der Gebühren und Steuern. Sie zeigt den tatsächlichen Erfolg der Investitionen an und ist deshalb wichtiger als die Bruttorendite. Der Fokus sollte stets auf der Nettorendite liegen, da diese den realen Gewinn darstellt.

Verschiedene Anlageformen

Eine erfolgreiche Anlagestrategie basiert auf dem Verständnis der verfügbaren Anlageformen und ihrer individuellen Charakteristika. Im Folgenden werden die Grundlagen der drei populärsten Anlageklassen erläutert: Aktien und Anleihen, Immobilien sowie ETFs und Fonds. Jede dieser Anlageformen bietet verschiedene Vorteile und Nachteile und eignet sich für unterschiedliche Ziele und Risikoprofile. Eine Kombination dieser Anlageformen kann dazu beitragen, das Risiko zu streuen und langfristig ein stabiles Portfolio aufzubauen.

Aktien und Anleihen

Aktien und Anleihen sind die beiden bekanntesten Wertpapierklassen und bilden oft das Rückgrat eines Portfolios. Beide Anlageformen ermöglichen Investoren, Kapital in Unternehmen oder den Staat zu investieren, unterscheiden sich jedoch grundlegend in Struktur, Risiko und Renditepotenzial.

Aktien: Eigentumsanteile an Unternehmen

Aktien sind Anteile an einem Unternehmen, die den Anleger zum Miteigentümer machen. Der Kauf einer Aktie bedeutet, dass man einen Teil des Unternehmens besitzt und somit an dessen Erfolg oder Misserfolg beteiligt ist. Aktien gelten als risikoreiche, aber potenziell sehr lukrative Anlageform.

Vorteile von Aktien:
- Wachstumspotenzial: Aktien bieten die Chance auf hohe Renditen und profitieren von der Wertsteigerung des Unternehmens.

- Dividendenzahlungen: Viele Unternehmen zahlen ihren Aktionären regelmäßig Dividenden, was ein zusätzliches passives Einkommen generieren kann.
- Schutz gegen Inflation: Aktienwerte tendieren dazu, im Einklang mit der Wirtschaft zu wachsen, was sie gegen die Inflation beständiger macht.

Nachteile von Aktien:
- Volatilität: Aktienkurse können stark schwanken und sind anfällig für Marktschwankungen und wirtschaftliche Unsicherheiten.
- Unternehmensspezifisches Risiko: Ein schlechtes Management oder unerwartete Ereignisse können den Wert eines Unternehmens stark beeinflussen.
- Emotionale Belastung: Die ständige Beobachtung des Aktienmarkts kann zu impulsiven Entscheidungen und emotionalem Handeln führen, das langfristig nachteilig sein kann.

Strategien für den Aktienhandel:
- Langfristige Investition: Ein langfristiger Anlagehorizont gleicht Schwankungen aus und ermöglicht das volle Potenzial des Zinseszinseffekts.
- Value Investing: Anleger suchen nach Aktien, die unter ihrem inneren Wert gehandelt werden, mit der Hoffnung, dass sich der Markt langfristig anpasst.
- Growth Investing: Investitionen in Wachstumsunternehmen, die potenziell hohe Gewinne versprechen, aber oft risikoreicher sind.

Anleihen: Darlehen an Staaten und Unternehmen

Anleihen sind festverzinsliche Wertpapiere, bei denen der Anleger dem Emittenten – sei es ein Unternehmen oder der Staat – Geld leiht und im Gegenzug Zinsen erhält. Am Ende der Laufzeit wird das Darlehen zurückgezahlt. Anleihen gelten im Vergleich zu Aktien als sicherere Anlageform und sind für Anleger geeignet, die stabilere, weniger volatile Erträge suchen.

Vorteile von Anleihen:
- Regelmäßiges Einkommen: Anleihen bieten festgelegte Zinszahlungen, die ein stabiles Einkommen ermöglichen.
- Geringeres Risiko als Aktien: Da Anleihen Vorrang vor Aktien haben, erhalten Anleihegläubiger bei einer Insolvenz zuerst ihr Geld zurück.
- Risikominimierung: Staatsanleihen oder erstklassige Unternehmensanleihen bieten ein hohes Maß an Sicherheit.

Nachteile von Anleihen:
- Niedrigere Renditen: Anleihen bieten in der Regel geringere Renditen als Aktien.
- Inflationsrisiko: Anleihen mit festen Zinsen können durch Inflation entwertet werden.
- Zinsrisiko: Wenn die Zinsen steigen, sinkt der Wert bestehender Anleihen, da neu ausgegebene Anleihen höhere Zinsen bieten.

Anleihenstrategien:
- Laufzeitdiversifikation: Durch das Investieren in Anleihen mit unterschiedlichen Laufzeiten können Anleger das Zinsrisiko reduzieren.
- High-Yield-Anleihen: Diese bieten höhere Renditen, bergen jedoch auch ein höheres Risiko und eignen sich für Anleger mit einer größeren Risikotoleranz.

- Investition in Staatsanleihen: Diese gelten als eine der sichersten Anlageformen und bieten eine stabile, aber niedrige Rendite.

Aktien und Anleihen können zusammen in einem Portfolio eine starke Balance zwischen Risiko und Rendite bieten. Während Aktien für Wachstum sorgen, bieten Anleihen Stabilität und verringern die Volatilität des Portfolios.

Immobilien: Investitionen in greifbare Werte

Immobilieninvestitionen erfreuen sich großer Beliebtheit, da sie eine greifbare und oft stabile Anlageform darstellen. Eine Immobilie kann sowohl als Kapitalanlage in Form von Mietobjekten als auch als langfristiger Vermögenswert dienen, der mit der Zeit an Wert gewinnt. Immobilieninvestitionen können direkt durch den Kauf einer Immobilie oder indirekt durch Immobilienfonds erfolgen.

Vorteile von Immobilien:
- Kapitalwachstum: Immobilienwerte neigen dazu, langfristig zu steigen, insbesondere in wirtschaftlich stabilen Regionen.
- Regelmäßige Einnahmen: Vermietete Immobilien bieten monatliche Einnahmen und können ein passives Einkommen schaffen.
- Sachwert: Immobilien sind ein greifbarer Vermögenswert, der im Gegensatz zu Aktien oder Anleihen physisch existiert.
- Steuervorteile: In vielen Ländern gibt es steuerliche Anreize für Immobilieninvestoren, wie z. B. Abschreibungen und Abzugsmöglichkeiten.

Nachteile von Immobilien:
- Geringe Liquidität: Immobilien sind im Vergleich zu Wertpapieren schwerer zu verkaufen und erfordern oft einen langwierigen Verkaufsprozess.

- Hoher Kapitalbedarf: Der Kauf einer Immobilie erfordert in der Regel eine erhebliche Anfangsinvestition und möglicherweise ein Darlehen.
- Verwaltungsaufwand: Vermietete Immobilien erfordern Verwaltung und Instandhaltung, was zusätzlichen Aufwand und Kosten mit sich bringen kann.
- Marktrisiko: Immobilienpreise sind nicht nur von der allgemeinen Wirtschaftslage, sondern auch von lokalem Angebot und Nachfrage abhängig.

Strategien für Immobilieninvestitionen:
- Direktkauf: Der direkte Kauf von Wohn- oder Gewerbeimmobilien ermöglicht ein hohes Maß an Kontrolle, erfordert jedoch umfangreiches Kapital und Management.
- Crowdinvesting: Über Crowdinvesting-Plattformen können Anleger auch mit geringeren Beträgen in Immobilienprojekte investieren.

REITs (Real Estate Investment Trusts): REITs ermöglichen es Anlegern, in Immobilien zu investieren, ohne direkt eine Immobilie zu kaufen. Sie bieten Dividenden und haben den Vorteil der Liquidität, da sie an der Börse gehandelt werden.

Immobilien können eine wertvolle Ergänzung zu einem Anlageportfolio sein, insbesondere für Anleger, die einen langfristigen Horizont haben und bereit sind, die zusätzlichen Anforderungen und Kosten zu tragen.

ETFs und Fonds: Breite Streuung für eine stabile Rendite

Exchange Traded Funds (ETFs) und Investmentfonds bieten Anlegern die Möglichkeit, breit diversifiziert zu investieren, ohne selbst einzelne Aktien oder Anleihen auszuwählen. Ein Fonds bündelt Gelder von vielen Anlegern und investiert sie gemäß einer festgelegten Strategie, die durch professionelle Fondsmanager verwaltet wird. ETFs hingegen sind börsengehandelte Fonds, die meist einen Index nachbilden und eine kostengünstige und unkomplizierte Anlagemöglichkeit bieten.

ETFs: Kostengünstige und flexible Diversifikation

ETFs sind eine moderne und beliebte Anlageform, da sie eine einfache Möglichkeit zur Diversifikation bieten. Sie bilden meist einen Marktindex nach, z. B. den S&P 500, und sind an der Börse handelbar wie eine Aktie. Da ETFs passiv verwaltet werden, sind ihre Kosten in der Regel deutlich niedriger als die aktiv verwalteter Fonds.

Vorteile von ETFs:
- Kostengünstig: Die passiven Verwaltungsgebühren von ETFs sind oft viel niedriger als die von aktiv verwalteten Fonds.
- Einfache Diversifikation: Ein einzelner ETF kann Zugang zu einem breiten Markt oder einer Vielzahl von Anlageklassen bieten.
- Liquidität: Da ETFs an der Börse gehandelt werden, können sie einfach und schnell verkauft oder gekauft werden.
- Transparenz: ETFs geben regelmäßig Auskunft über ihre Bestände, was sie für Anleger transparent und berechenbar macht.

Nachteile von ETFs:
- Abhängigkeit von Marktindex: Da ETFs oft einen Marktindex nachbilden, sind sie auf die allgemeine Marktentwicklung angewiesen und bieten keine Chance auf Überperformance.
- Marktrisiko: Da ETFs einem Index folgen, sind sie den Schwankungen des Marktes vollständig ausgesetzt.

Risikomanagement beim Investieren

Investieren bietet die Möglichkeit, Vermögen aufzubauen und finanzielle Freiheit zu erlangen, doch alle Investitionen bringen Risiken mit sich. Durch eine fundierte Risikomanagementstrategie können Anleger Risiken besser steuern, Verluste minimieren und ihre Chancen auf eine stabile und langfristig positive Rendite erhöhen. Risikomanagement ist ein wichtiger Bestandteil der Anlagestrategie und umfasst Techniken zur Analyse, Diversifikation und regelmäßigen Überwachung von Anlagen. Dieses Kapitel befasst sich mit den grundlegenden Prinzipien und Werkzeugen des Risikomanagements sowie praktischen Strategien, die Anleger anwenden können, um ihre Finanzen auf eine stabile Basis zu stellen.

Grundlagen des Risikomanagements: Verstehen, Analysieren, Bewältigen

Risikomanagement beginnt mit der Erkenntnis, dass kein Investment frei von Risiken ist. Anleger müssen bereit sein, potenzielle Risiken zu verstehen und zu analysieren, um ihre Anlagestrategie darauf auszurichten. Ein fundiertes Verständnis der verschiedenen Arten von Risiken und deren Einfluss auf das Portfolio ist der erste Schritt zu einem effektiven Risikomanagement.

Risikoarten im Investieren

Risiken lassen sich in unterschiedliche Kategorien unterteilen, die je nach Anlageform unterschiedlich gewichtet werden:
- Marktrisiko: Dieses Risiko betrifft alle Investitionen und resultiert aus Schwankungen der Finanzmärkte. Es

beschreibt die Wahrscheinlichkeit, dass Wertpapierkurse aufgrund allgemeiner Marktbewegungen fallen.
- Inflationsrisiko: Die Inflation führt dazu, dass die Kaufkraft des Geldes abnimmt, was bedeutet, dass die Rendite eines Investments real niedriger ausfallen kann, wenn die Inflationsrate die Rendite übersteigt.
- Liquiditätsrisiko: Einige Anlageformen sind weniger liquide als andere, was bedeutet, dass sie nicht jederzeit verkauft werden können, ohne große Verluste zu riskieren.
- Kreditrisiko: Besonders bei Anleihen besteht das Risiko, dass der Emittent die Zinsen oder das Kapital nicht zurückzahlen kann.
- Währungsrisiko: Bei internationalen Investments besteht das Risiko, dass Wechselkursänderungen die Rendite beeinträchtigen.

Analyse der persönlichen Risikobereitschaft

Die persönliche Risikobereitschaft ist der entscheidende Faktor bei der Auswahl der passenden Anlagestrategie. Sie hängt von individuellen Faktoren ab, darunter das Alter, die finanzielle Situation, die Anlageziele und die Lebenssituation des Anlegers. Eine ehrliche Einschätzung der eigenen Risikobereitschaft hilft, ein Portfolio zu gestalten, das langfristig den eigenen Bedürfnissen entspricht.

Diversifikation: Das Grundprinzip des Risikomanagements

Diversifikation bedeutet, das Kapital auf unterschiedliche Anlagen zu verteilen, um Schwankungen und Verluste zu verringern. Der Grundgedanke hinter der Diversifikation ist einfach: Ein diversifiziertes Portfolio ist weniger anfällig für einzelne Verluste, da sich verschiedene Anlageformen unterschiedlich entwickeln und damit Risiken besser abgefedert werden können.

Streuung über Anlageklassen und Regionen

Ein häufig angewandter Ansatz der Diversifikation ist die Streuung über verschiedene Anlageklassen, wie Aktien, Anleihen, Immobilien und Rohstoffe. Jede Anlageklasse reagiert unterschiedlich auf wirtschaftliche Entwicklungen. Während Aktien in Zeiten wirtschaftlicher Expansion gut abschneiden, gelten Anleihen als sicherer Hafen in Krisenzeiten. Auch eine geografische Diversifikation kann helfen, regionale Risiken abzumildern.

Sektorale Diversifikation und thematische Investitionen

Eine weitere Ebene der Diversifikation ist die Streuung innerhalb einer Anlageklasse, z. B. durch den Kauf von Aktien aus verschiedenen Branchen wie Technologie, Gesundheitswesen, Konsumgüter und Energie. Ebenso kann die Investition in unterschiedliche Sektoren innerhalb einer Region helfen, einzelne Marktrisiken zu minimieren.

Risiko-Rendite-Profil verschiedener Diversifikationsstrategien

Eine solide Diversifikation bedeutet nicht, alle Risiken auszuschließen, sondern sie zu managen. Diversifizierte Portfolios haben oft ein stabileres Wachstum und reduzieren das Risiko drastischer Verluste. Dabei ist zu beachten, dass übermäßige Diversifikation die Rendite schmälern kann, da das Kapital stark verteilt ist. Anleger sollten daher stets ihr Risiko-Rendite-Profil im Auge behalten und sicherstellen, dass die Streuung ihren Zielen und ihrer Risikobereitschaft entspricht.

Strategien zur Risikoreduzierung: Langfristigkeit, Cost-Averaging und mehr

Neben Diversifikation gibt es verschiedene Strategien, die Anlegern helfen, Risiken zu reduzieren und ihre Investitionen nachhaltig zu gestalten. Dazu gehören langfristige Anlagestrategien, der Durchschnittskosteneffekt (Cost-Averaging) und Rebalancing.

Langfristigkeit und der Einfluss des Anlagehorizonts

Eine langfristige Anlagestrategie wirkt wie ein natürlicher Risikopuffer, da sie die Auswirkungen von kurzfristigen Marktschwankungen abmildert. Historische Daten zeigen, dass Aktien und andere Anlagen langfristig meist an Wert gewinnen, obwohl kurzfristige Schwankungen auftreten können. Ein längerer Anlagehorizont gibt dem Markt Zeit, sich von kurzfristigen Schwächen zu erholen.

Cost-Averaging: Den Durchschnittskosteneffekt nutzen

Cost-Averaging oder Durchschnittskosteneffekt beschreibt die Strategie, regelmäßig festgelegte Beträge zu investieren, unabhängig davon, wie sich die Marktpreise entwickeln. Dadurch kauft der Anleger mehr Anteile, wenn die Preise niedrig sind, und weniger, wenn die Preise hoch sind. Dies führt langfristig zu einem niedrigeren durchschnittlichen Kaufpreis und reduziert das Risiko, zu einem ungünstigen Zeitpunkt eine große Summe zu investieren.

Rebalancing: Anpassung des Portfolios zur Risikokontrolle

Rebalancing bezeichnet die regelmäßige Anpassung eines Portfolios, um die ursprünglich festgelegte Verteilung der Anlageklassen beizubehalten. Wenn sich beispielsweise Aktien besser entwickeln als Anleihen, kann es sinnvoll sein, einen Teil der Aktien zu verkaufen und das Kapital in Anleihen zu reinvestieren. So bleibt das Portfolio im Einklang mit dem ursprünglichen Risiko-Rendite-Profil und schützt vor ungewollten Verschiebungen.

Absicherung durch Instrumente wie Optionen und Stop-Loss-Orders

Neben der Diversifikation und den klassischen Risikomanagementstrategien gibt es eine Vielzahl von Instrumenten, mit denen Investoren ihr Portfolio absichern können. Besonders bei risikoreicheren Anlageformen wie Aktien sind Optionen und Stop-Loss-Orders nützlich, um das Verlustrisiko zu begrenzen.

Stop-Loss-Orders zur Begrenzung von Verlusten

Eine Stop-Loss-Order ist eine Anweisung an den Broker, eine Aktie zu verkaufen, wenn ihr Preis auf ein bestimmtes Niveau fällt. Diese Technik hilft Anlegern, Verluste zu minimieren, indem sie automatisch verkauft, bevor ein Kursrückgang zu großen Verlusten führt. Allerdings ist es wichtig, den Stop-Loss sorgfältig zu setzen, da sonst eine vorübergehende Schwankung zum unbeabsichtigten Verkauf führen kann.

Der Einsatz von Optionen zur Absicherung

Optionen sind komplexe Finanzinstrumente, die erfahrenen Anlegern zusätzliche Absicherungsmöglichkeiten bieten. Eine sogenannte „Put-Option" beispielsweise gibt dem Anleger das Recht, eine Aktie zu einem bestimmten Preis zu verkaufen, was Verluste begrenzen kann, wenn der Aktienkurs fällt. Optionen bieten jedoch ein höheres Risiko und sollten nur von Anlegern genutzt werden, die sich der Funktionsweise bewusst sind.

Psychologisches Risikomanagement: Emotionen kontrollieren und rational handeln

Einer der wichtigsten, aber oft vernachlässigten Aspekte des Risikomanagements ist die psychologische Komponente. Emotionen können dazu führen, dass Anleger in turbulenten Zeiten impulsiv handeln und somit unbedachte Entscheidungen treffen. Ein solides Verständnis der eigenen emotionalen Reaktionen und die Fähigkeit, in Krisenzeiten ruhig zu bleiben, sind entscheidend für eine nachhaltige Anlagestrategie.

Emotionale Stolpersteine und die Gefahr des „Herdenverhaltens"

Herdenverhalten tritt auf, wenn Anleger Entscheidungen treffen, die stark durch das Verhalten der Mehrheit beeinflusst sind. In einer Krise neigen Anleger dazu, zu verkaufen, wenn die Märkte fallen, obwohl dies langfristig oft die schlechteste Entscheidung ist. Herdenverhalten kann die Rendite negativ beeinflussen, da es dazu führt, dass Anleger in überbewertete Märkte einsteigen und in Krisenzeiten aussteigen.

Geduld und Disziplin: Die Basis erfolgreicher Investitionen

Geduld und Disziplin sind zwei der wichtigsten Eigenschaften erfolgreicher Investoren. Ein langfristiger Plan und die Entschlossenheit, diesen unabhängig von Marktschwankungen zu verfolgen, helfen Anlegern, Verluste in Krisenzeiten zu vermeiden und langfristig von Marktgewinnen zu profitieren. Disziplinierte Anleger orientieren sich an den Fakten und behalten ihr Ziel im Auge, anstatt auf kurzfristige Schwankungen zu reagieren.

Umgang mit Schulden

In der heutigen Zeit sind Schulden für viele Menschen ein alltäglicher Bestandteil des Lebens – sei es durch Konsumkredite, Bildungskosten oder die Finanzierung einer Immobilie. Während Schulden in bestimmten Situationen strategisch sinnvoll und sogar notwendig sein können, sind sie häufig auch eine große Belastung, die die finanzielle Freiheit erheblich einschränken kann. Doch der Weg aus den Schulden beginnt nicht mit Schuldzuweisungen oder mit Scham, sondern mit einem klaren Plan und einer guten Portion Selbstdisziplin.

Dieses Kapitel beschäftigt sich mit den Grundlagen eines nachhaltigen und verantwortungsvollen Umgangs mit Schulden. Wir gehen darauf ein, wie man bestehende Schulden analysiert, die eigenen Verpflichtungen strukturiert und die häufigsten Fehler vermeidet. Ein besonderer Fokus liegt dabei auf der Entwicklung von Strategien zur Schuldenreduzierung und dem langfristigen Aufbau gesunder finanzieller Gewohnheiten. Denn: Schulden abzubauen und letztlich schuldenfrei zu leben, ist ein entscheidender Schritt auf dem Weg zur finanziellen Freiheit.

Zu Beginn untersuchen wir, wie Schulden entstehen und wie verschiedene Arten von Schulden den persönlichen Finanzplan beeinflussen können. Anschließend befassen wir uns mit Methoden zur Schuldenbewältigung und zeigen auf, wie man ein klares Budget entwickelt, das den Schuldenabbau erleichtert. Dazu gehört das Verständnis von Zinsen und Tilgungsplänen ebenso wie die Fähigkeit, Prioritäten zu setzen und gegebenenfalls auf nicht notwendige Ausgaben zu verzichten.

Wir stellen Ihnen verschiedene Strategien vor, wie die „Schneeball-Methode" und die „Lawinen-Methode", die dabei helfen, Schulden gezielt und strukturiert zu tilgen. Auch der psychologische Aspekt des Schuldenmanagements kommt nicht zu kurz, denn der Umgang mit Schulden erfordert nicht nur finanzielle, sondern auch mentale Stärke. Das Ziel ist es, Sie mit praktischen Werkzeugen und motivierenden Beispielen zu unterstützen, um sich schrittweise von der Schuldenlast zu befreien und so einen soliden Grundstein für Ihre finanzielle Unabhängigkeit zu legen.

Unabhängig davon, wie Ihre persönliche finanzielle Situation aussieht, gibt Ihnen dieses Kapitel das Wissen und die Motivation an die Hand, den Umgang mit Schulden aktiv zu gestalten und die ersten Schritte auf dem Weg in ein schuldenfreies Leben zu machen.

Schuldenarten und ihre Auswirkungen

Schulden begleiten viele Menschen durch verschiedene Lebensphasen – sei es beim Einstieg in den Beruf, beim Kauf eines Eigenheims oder bei unerwarteten finanziellen Engpässen. Die Art und die Konditionen von Schulden können dabei einen großen Einfluss auf die finanzielle Situation und Freiheit einer Person haben. Um eine fundierte Entscheidung über Schulden treffen zu können, ist es entscheidend, die unterschiedlichen Schuldenarten, ihre Merkmale und ihre potenziellen Auswirkungen auf die persönliche Finanzlage zu verstehen.

In diesem Kapitel werden die verschiedenen Schuldenarten detailliert erläutert, und es wird aufgezeigt, wie sich jede Schuldenform auf den finanziellen Alltag auswirken kann. Wir betrachten dabei sowohl „gute" als auch „schlechte" Schulden und geben Ihnen Werkzeuge an die Hand, mit denen Sie ihre finanziellen Verpflichtungen besser managen können.

Konsumschulden: Kredite für alltägliche Ausgaben

Konsumschulden sind Kredite, die oft für kurzfristige Bedürfnisse und Konsumausgaben aufgenommen werden. Sie umfassen insbesondere Ratenkredite und Kreditkartenschulden und sind häufig durch hohe Zinsen und kurze Laufzeiten gekennzeichnet.

Kreditkartenverschuldung

Kreditkartenschulden zählen zu den häufigsten Konsumschulden und können leicht entstehen, da Kreditkarten die Möglichkeit bieten, Anschaffungen zu tätigen, ohne sofort die dafür benötigten finanziellen Mittel zur Verfügung zu haben. Diese Schuldenart ist oft besonders teuer, da Kreditkartenanbieter hohe Zinssätze berechnen, wenn der offene Saldo nicht vollständig zurückgezahlt wird. Die Zinslast wächst bei nur minimaler Rückzahlung rasch an, und die Schulden können leicht außer Kontrolle geraten.

Auswirkungen: Kreditkartenschulden belasten das monatliche Budget und verursachen durch hohe Zinsen zusätzliche Kosten, die den Schuldensaldo in die Höhe treiben. Langfristig führen sie dazu, dass weniger Mittel für notwendige Ausgaben oder Investitionen zur Verfügung stehen und ein Teil des Einkommens kontinuierlich an die Kreditkartenanbieter geht.

Ratenkredite

Ratenkredite, auch Konsumkredite genannt, sind Darlehen, die in festen monatlichen Raten zurückgezahlt werden. Sie werden oft genutzt, um größere Anschaffungen wie Möbel, Elektronik oder Fahrzeuge zu finanzieren. Ratenkredite haben oft niedrigere Zinsen als Kreditkartenschulden, können aber ebenfalls das Budget belasten, wenn zu viele Kredite gleichzeitig bedient werden müssen.

Auswirkungen: Ratenkredite wirken sich durch die monatlichen Ratenzahlungen auf das verfügbare Einkommen aus. Zudem erschweren sie durch langfristige Verpflichtungen den Aufbau eines finanziellen Polsters oder die Investition in langfristige Vermögensziele.

Bildungsschulden: Investition in die eigene Zukunft

Bildungsschulden, z. B. Studienkredite, werden aufgenommen, um Bildungsmaßnahmen zu finanzieren, die langfristig das Einkommen und die Karrierechancen verbessern sollen. In vielen Ländern sind Studienkredite notwendig, um Studiengebühren und Lebenshaltungskosten während des Studiums zu decken. Sie gelten oft als „gute" Schulden, da sie das Potenzial haben, die Einkommensaussichten und somit die finanzielle Stabilität zu erhöhen.

Studienkredite

Studienkredite bieten Studierenden die Möglichkeit, ihre Ausbildungskosten zu decken und sich auf das Studium zu konzentrieren, anstatt nebenbei arbeiten zu müssen. Die Rückzahlungspläne für Studienkredite sind oft flexibel, und die Zinssätze liegen häufig unter denen von Konsumkrediten.

Auswirkungen: Studienkredite belasten Absolventen oft jahrelang nach Abschluss des Studiums. Obwohl sie theoretisch zu einem höheren Einkommen führen sollten, stellt sich der gewünschte Effekt nicht immer sofort ein, was die Rückzahlung erschwert und den finanziellen Spielraum einschränkt. Ein hoher Schuldenberg nach dem Studium kann den Start in die berufliche Karriere zusätzlich belasten.

Hypothekenschulden: Eigenheimbesitz und langfristige Bindungen

Hypothekenschulden oder Immobilienkredite werden zur Finanzierung von Wohneigentum aufgenommen und gelten ebenfalls oft als „gute" Schulden, da sie zur Vermögensbildung beitragen. Sie sind durch das gekaufte Objekt abgesichert und zeichnen sich durch vergleichsweise niedrige Zinssätze und lange Laufzeiten aus.

Hypothekendarlehen für den Immobilienkauf

Hypothekendarlehen sind langfristige Darlehen, die in monatlichen Raten zurückgezahlt werden. Sie bieten Menschen die Möglichkeit, Eigentum zu erwerben, was langfristig als Investition in die eigene Vermögensbildung gilt. Die Rückzahlung einer Hypothek erstreckt sich oft über Jahrzehnte, was eine hohe finanzielle Disziplin erfordert.

Auswirkungen: Hypothekenschulden binden Kapital und stellen eine langfristige Verpflichtung dar. Sie reduzieren das monatlich verfügbare Einkommen, bieten jedoch die Möglichkeit, langfristig von einer Wertsteigerung der Immobilie zu profitieren und Mietkosten zu sparen. Gleichzeitig bergen sie das Risiko, dass fallende Immobilienpreise zu einem Verlust führen können, insbesondere wenn das Haus verkauft wird, bevor die Schulden vollständig getilgt sind.

Baufinanzierung und der Einfluss auf das Budget

Die Aufnahme eines Baufinanzierungsdarlehens kann die finanzielle Situation dauerhaft verändern. Neben der monatlichen Hypothekenzahlung kommen oft zusätzliche Kosten für Wartung und Instandhaltung hinzu, die bei Mietverhältnissen nicht anfallen. Für viele Menschen ist der Erwerb von Wohneigentum eine emotionale Entscheidung, die langfristige finanzielle Auswirkungen hat.

Auswirkungen: Die Kosten für Baufinanzierung und Instandhaltung beeinflussen das finanzielle Gleichgewicht und machen zusätzliche Vorsorge notwendig. Ein nachhaltiges Budget ist wichtig, um ungeplante Ausgaben zu bewältigen und die Hypothek verlässlich zu bedienen.

Geschäftsschulden: Unternehmerische Finanzierung und Risiken

Viele Unternehmer nehmen Geschäftskredite auf, um ihr Unternehmen zu gründen oder zu erweitern. Diese Schuldenform birgt hohe Risiken, da der Erfolg des Unternehmens nicht garantiert ist. Gleichzeitig bieten Geschäftsschulden das Potenzial für wirtschaftliches Wachstum und finanzielle Unabhängigkeit, sofern die Investitionen den gewünschten Ertrag bringen.

Unternehmensdarlehen und Betriebskapital

Unternehmerische Kredite dienen oft der Finanzierung von Start-ups oder der Expansion von etablierten Firmen. Diese Schulden können in Form von klassischen Geschäftsdarlehen oder durch die Aufnahme von Investitionskapital entstehen. Unternehmerische Schulden verlangen ein hohes Maß an Verantwortung und die Fähigkeit, den Kapitalbedarf genau zu kalkulieren.

Auswirkungen: Geschäftsschulden wirken sich direkt auf die finanzielle Gesundheit des Unternehmens aus. Sie sind in der Regel mit Rückzahlungsverpflichtungen verbunden, die das Betriebskapital belasten und das Unternehmenswachstum gefährden können, falls die geplanten Einnahmen ausbleiben. Ein effektives Finanzmanagement ist unerlässlich, um den langfristigen Erfolg des Unternehmens sicherzustellen.

Private Darlehen und alternative Finanzierungsformen

Private Darlehen und alternative Kreditformen wie Peer-to-Peer-Kredite oder Minikredite werden zunehmend zur Finanzierung von kurzfristigen Liquiditätsengpässen genutzt. Diese Darlehen sind oft schnell verfügbar und relativ unkompliziert zu beantragen, haben jedoch hohe Zinsen und kurze Laufzeiten.

Peer-to-Peer-Kredite und ihre Risiken

Bei Peer-to-Peer-Krediten verleihen Privatpersonen Kapital an andere Personen, oft über Online-Plattformen. Diese Kredite haben häufig eine schnelle Verfügbarkeit und sind eine Alternative zu Bankkrediten, insbesondere für Personen mit geringer Kreditwürdigkeit. Allerdings bergen sie das Risiko, dass unerwartet hohe Kosten entstehen.

Auswirkungen: Die hohen Zinssätze und die kurze Laufzeit belasten das Budget und erhöhen die Gefahr der Überschuldung. Die Ratenzahlungen schränken das verfügbare Einkommen ein und erhöhen das Risiko von Zahlungsausfällen und damit verbundener negativer Einträge in der Schufa.

Minikredite: Notlösungen mit hohen Kosten

Minikredite oder „Kleinstkredite" werden oft für kleine Summen und kurze Zeiträume aufgenommen, um akute finanzielle Engpässe zu überbrücken. Da sie oft zu sehr hohen Zinsen vergeben werden, sind sie eher als Notlösung geeignet und sollten nicht regelmäßig in Anspruch genommen werden.

Auswirkungen: Minikredite können sich durch die hohen Zinskosten und die kurze Laufzeit negativ auf die finanzielle Stabilität auswirken. Ihre Nutzung kann leicht zu einem Teufelskreis führen, bei dem immer wieder neue Kredite aufgenommen werden müssen, um alte Schulden abzuzahlen.

Fazit
Die verschiedenen Schuldenarten haben spezifische Auswirkungen auf die finanzielle Lage eines Haushalts und sollten mit Bedacht aufgenommen werden. „Gute" Schulden, wie Hypothekendarlehen oder Studienkredite, können den finanziellen Fortschritt fördern, sofern sie verantwortungsbewusst gemanagt werden. „Schlechte" Schulden, wie hohe Kreditkartenschulden oder kurzfristige Konsumkredite, können dagegen die finanzielle Freiheit gefährden und sollten daher nur in begrenztem Umfang eingegangen werden.

Strategien zur Schuldenreduzierung

Die Reduzierung von Schulden ist ein entscheidender Schritt auf dem Weg zur finanziellen Freiheit und bietet mehr Spielraum für Sparziele und Investitionen. In diesem Kapitel werfen wir einen genauen Blick auf die wichtigsten Strategien zur Schuldenreduzierung. Wir betrachten die Schneeball-Methode und die Lawinen-Methode, zwei bewährte Ansätze zur Schuldenbewältigung, die jeweils spezifische Vorteile bieten und für verschiedene Arten von Schulden und persönliche Vorlieben geeignet sind.

Eine strukturierte Strategie zur Schuldenreduzierung kann nicht nur dabei helfen, finanzielle Verpflichtungen systematisch abzubauen, sondern auch motivieren, den Schuldenabbau kontinuierlich voranzutreiben und so ein klares Ziel vor Augen zu behalten.

Der Unterschied zwischen der Schneeball- und der Lawinen-Methode

Bevor wir uns den einzelnen Strategien im Detail widmen, ist es wichtig, die Grundprinzipien beider Methoden zu verstehen. Die Schneeball-Methode und die Lawinen-Methode verfolgen unterschiedliche Ansätze zur Priorisierung von Schulden.

Die Schneeball-Methode

Die Schneeball-Methode, populär durch den Finanzberater Dave Ramsey, legt den Fokus auf eine schnelle Erfolgswahrnehmung. Bei dieser Methode werden zunächst die kleinsten Schuldenbeträge unabhängig vom Zinssatz priorisiert. Das bedeutet, dass man die Schulden mit dem geringsten Gesamtbetrag zuerst abbezahlt und dann zum nächstgrößeren Betrag übergeht.

Beispiel für die Schneeball-Methode:
1. Liste alle Schulden nach der Höhe des Schuldenbetrags – nicht nach dem Zinssatz.
2. Zahle alle verfügbaren zusätzlichen Mittel auf die kleinste Schuld ein, während bei den übrigen Schulden nur die Mindestzahlungen geleistet werden.
3. Sobald die erste (kleinste) Schuld abbezahlt ist, wird die nächste Schuld angegangen, wobei alle zusätzlich verfügbaren Mittel auf sie angewendet werden.
4. Wiederhole diesen Prozess, bis alle Schulden beglichen sind.

Diese Methode wird Schneeball-Methode genannt, weil die Tilgung kleiner Schulden wie ein Schneeball wirkt, der von einem kleinen Punkt aus startet und immer größer wird, je mehr Erfolge erzielt werden.

Die Lawinen-Methode

Im Gegensatz dazu setzt die Lawinen-Methode den Fokus auf die Schuld mit dem höchsten Zinssatz. Dabei zahlt man zuerst die Schuld mit den höchsten Zinsen ab, da sie die größten zusätzlichen Kosten verursacht. Die Lawinen-Methode ist darauf ausgelegt, die Gesamtzinsbelastung zu minimieren, sodass auf lange Sicht weniger für die Rückzahlung von Schulden aufgewendet werden muss.

Beispiel für die Lawinen-Methode:
1. Liste alle Schulden nach Höhe des Zinssatzes, wobei die höchste Zinsschuld als oberste Priorität steht.
2. Zahle alle verfügbaren zusätzlichen Mittel auf die Schuld mit dem höchsten Zinssatz, während für die anderen Schulden nur die Mindestzahlungen geleistet werden.

3. Sobald die erste (zinsintensivste) Schuld abbezahlt ist, gehe zur nächsten Schuld mit dem nächsthöchsten Zinssatz über.
4. Wiederhole den Prozess, bis alle Schulden getilgt sind.

Da hohe Zinsen mehr Kosten verursachen, spart die Lawinen-Methode im Vergleich zur Schneeball-Methode auf lange Sicht meist mehr Geld ein.

Vorteile und Herausforderungen der Schneeball-Methode

Die Schneeball-Methode hat ihre eigenen Vor- und Nachteile, die bei der Auswahl der richtigen Schuldenreduzierungsstrategie berücksichtigt werden sollten.

Vorteile der Schneeball-Methode
- Motivation durch schnelle Erfolge: Da die kleineren Schulden zuerst abbezahlt werden, kann man schnell erste Erfolge verzeichnen, was motivierend wirkt und ein Gefühl der Kontrolle gibt.
- Psychologische Vorteile: Der schnelle Schuldenabbau baut psychologischen Druck ab und steigert das Vertrauen in die eigene finanzielle Verantwortung.
- Leichte Übersicht und Umsetzung: Die Schneeball-Methode ist unkompliziert und ermöglicht es, sich rasch auf die Reduktion von Schulden zu konzentrieren, ohne dass komplexe Zinsberechnungen nötig sind.

Herausforderungen der Schneeball-Methode
- Höhere Gesamtkosten durch Zinsen: Da die Schneeball-Methode die Zinssätze nicht berücksichtigt, können sich über die Zeit höhere Gesamtkosten ansammeln, besonders bei hohen Zinsen.

- Effizienzverlust durch Vernachlässigung hoher Zinsen: Durch die Priorisierung kleinerer Schulden bleiben größere, hochverzinsliche Schulden unberührt, was den Schuldenabbau verlangsamen und teurer machen kann.

Die Schneeball-Methode ist besonders geeignet für Menschen, die schnelle Erfolgserlebnisse benötigen und für die die psychologische Komponente der Motivation eine wichtige Rolle spielt. Sie hilft, sich motiviert und fokussiert zu fühlen und so den Schuldenabbau konsequent durchzuziehen.

Vorteile und Herausforderungen der Lawinen-Methode

Die Lawinen-Methode ist dagegen eine finanziell effiziente Strategie, die jedoch auch einige Herausforderungen mit sich bringt.

Vorteile der Lawinen-Methode
- Reduzierung der Gesamtzinslast: Da zunächst die Schulden mit den höchsten Zinsen getilgt werden, spart man langfristig Zinsen und kann schneller finanzielle Freiräume schaffen.
- Effizientere Schuldenabbau-Strategie: Durch die Fokussierung auf hochverzinsliche Schulden sinkt die gesamte Rückzahlungszeit, was die Schulden schneller reduziert und die Gesamtkosten verringert.
- Vermeidung hoher Kreditkartenschulden: Die Lawinen-Methode ist besonders nützlich für die Tilgung von Kreditkartenschulden, die oft hohe Zinssätze haben und bei längeren Laufzeiten teuer werden.

Herausforderungen der Lawinen-Methode
- Langsame Erfolgserlebnisse: Die Lawinen-Methode erfordert Geduld, da die ersten Schulden möglicherweise hohe

Beträge haben und deren Abbau entsprechend länger dauert.
- Psychologische Herausforderung: Der langsame Fortschritt kann entmutigend wirken, besonders bei großen Schulden mit hohen Zinssätzen, da sichtbare Erfolge länger auf sich warten lassen.

Die Lawinen-Methode ist für Menschen geeignet, die Wert auf finanzielle Effizienz legen und in der Lage sind, geduldig und fokussiert zu arbeiten. Sie ist ideal, wenn die höchste Effektivität des Schuldenabbaus im Vordergrund steht und nicht die schnelle Befriedigung durch rasche Erfolge.

Kombinierte Ansätze: Der individuelle Schuldenabbauplan

Während beide Methoden ihre eigenen Vorteile und Herausforderungen mitbringen, gibt es auch die Möglichkeit, einen kombinierten Ansatz zu wählen. Ein persönlicher Schuldenabbauplan könnte beispielsweise die Schneeball-Methode nutzen, um motivierende erste Erfolge zu erreichen, und dann zur Lawinen-Methode wechseln, um langfristig die Zinskosten zu minimieren.

Beispiel für eine kombinierte Schuldenstrategie
1. Phase 1: Motivation aufbauen – Zuerst werden kleine Schulden beglichen, um den Einstieg zu erleichtern und schnelle Erfolgserlebnisse zu schaffen.
2. Phase 2: Effizienz maximieren – Nachdem erste Schulden abgebaut sind, konzentriert man sich auf die Schulden mit den höchsten Zinssätzen, um die Zinsbelastung gezielt zu reduzieren.
3. Phase 3: Konsistenz bewahren – Es ist wichtig, die gewonnene Motivation zu nutzen und die Effizienz der Lawinen-Methode zu kombinieren, um den Schuldenabbau langfristig stabil zu halten.

Dieser Ansatz ist ideal für Personen, die zwar schnelle Erfolge brauchen, um motiviert zu bleiben, gleichzeitig aber auch die Effizienz des Schuldenabbaus maximieren möchten.

Praktische Tipps für den erfolgreichen Schuldenabbau

Unabhängig davon, welche Methode gewählt wird, gibt es allgemeine Tipps, die den Schuldenabbau unterstützen und helfen können, Schulden effizienter zu bewältigen:

- Monatliche Fortschrittskontrolle: Ein festgelegter monatlicher Überprüfungstermin kann helfen, den Fortschritt zu überwachen und Anpassungen vorzunehmen.
- Zusätzliche Einnahmen nutzen: Zusätzliche Einkünfte, wie Steuererstattungen, Boni oder Einnahmen aus Nebenjobs, können vollständig für den Schuldenabbau verwendet werden, um den Prozess zu beschleunigen.
- Kredite konsolidieren: Schuldenkonsolidierung durch günstigere Kredite kann Zinsen senken und die Struktur vereinfachen.
- Automatische Zahlungen einrichten: Automatisierte Zahlungen sorgen dafür, dass die Rückzahlungen pünktlich erfolgen und keine zusätzlichen Gebühren oder Zinsen anfallen.

Fazit
Ob Schneeball- oder Lawinen-Methode – der erfolgreiche Schuldenabbau hängt davon ab, eine Methode zu wählen, die zu den individuellen Vorlieben und finanziellen Zielen passt.

Finanzielle Rehabilitation

Finanzielle Rehabilitation ist ein entscheidender Schritt für Menschen, die in schwierige wirtschaftliche Verhältnisse geraten sind. Ob durch unerwartete Ausgaben, schlechte finanzielle Entscheidungen, Arbeitsplatzverlust oder andere Faktoren – viele Menschen sehen sich irgendwann in ihrem Leben mit finanziellen Schwierigkeiten konfrontiert. Dieses Kapitel beleuchtet die verschiedenen Aspekte der finanziellen Rehabilitation, einschließlich der Ursachen von finanziellen Problemen, der Schritte zur Wiederherstellung der finanziellen Gesundheit, Strategien zur Schuldenbewältigung und der Wichtigkeit der finanziellen Bildung.

Verständnis von finanzieller Rehabilitation

Finanzielle Rehabilitation bezeichnet den Prozess der Wiederherstellung einer stabilen und gesunden finanziellen Situation. Dieser Prozess beinhaltet nicht nur die Rückzahlung von Schulden, sondern auch die Schaffung eines nachhaltigen Finanzplans, um zukünftige Schwierigkeiten zu vermeiden. Die Ziele der finanziellen Rehabilitation sind:

- Schuldenabbau: Die Rückzahlung von bestehenden Schulden, um die finanzielle Freiheit wiederzuerlangen.
- Aufbau eines Notfallfonds: Die Schaffung eines finanziellen Polsters für unvorhergesehene Ausgaben.
- Verbesserung der finanziellen Bildung: Ein besseres Verständnis von Geldmanagement, Investitionen und Haushaltsführung.
- Langfristige finanzielle Planung: Die Entwicklung eines Plans für zukünftige finanzielle Ziele, einschließlich Altersvorsorge und Vermögensaufbau.

Ursachen finanzieller Probleme

Bevor man mit der finanziellen Rehabilitation beginnen kann, ist es wichtig, die Ursachen der finanziellen Probleme zu verstehen. Häufige Gründe sind:
- Unvorhergesehene Ausgaben: Unerwartete Rechnungen wie medizinische Kosten oder Autoreparaturen können schnell zu finanziellen Schwierigkeiten führen.
- Schlechte Finanzentscheidungen: Unüberlegte Ausgaben, übermäßige Kreditaufnahme oder schlechte Investitionsentscheidungen können zu einer Verschuldung führen.
- Arbeitsplatzverlust: Der Verlust des Arbeitsplatzes kann erhebliche Auswirkungen auf die finanzielle Situation haben, insbesondere wenn keine Rücklagen vorhanden sind.
- Lebensveränderungen: Ereignisse wie Scheidung, Krankheit oder der Tod eines Familienmitglieds können die finanzielle Situation destabilisieren.
- Mangel an finanzieller Bildung: Viele Menschen haben nicht das Wissen oder die Werkzeuge, um ihre Finanzen effektiv zu verwalten.

Erste Schritte zur finanziellen Rehabilitation

Sobald die Ursachen für finanzielle Schwierigkeiten identifiziert sind, ist es an der Zeit, konkrete Schritte zur Rehabilitation zu unternehmen. Diese Schritte helfen dabei, die finanzielle Situation zu stabilisieren und auf einen besseren Kurs zu bringen.

Bestandsaufnahme der Finanzen

Der erste Schritt besteht darin, einen umfassenden Überblick über die aktuelle finanzielle Situation zu erhalten. Dies beinhaltet:
- Aufstellung aller Einnahmen: Listen Sie alle Einkommensquellen auf, einschließlich Gehalt, Nebeneinkünfte und staatliche Leistungen.
- Aufstellung aller Ausgaben: Dokumentieren Sie alle monatlichen Ausgaben, einschließlich Fixkosten (Miete, Nebenkosten, Versicherungen) und variablen Kosten (Lebensmittel, Unterhaltung).
- Schuldenübersicht: Erfassen Sie alle bestehenden Schulden, einschließlich Kreditkarten, Ratenkredite und Hypotheken, und notieren Sie die Zinssätze und Rückzahlungsbedingungen.

Diese Bestandsaufnahme hilft dabei, einen klaren Überblick über die finanzielle Situation zu bekommen und die Schritte zur Verbesserung zu planen.

Erstellen eines Budgets

Ein effektives Budget ist das Herzstück einer erfolgreichen finanziellen Rehabilitation. Es hilft dabei, die Ausgaben zu kontrollieren und sicherzustellen, dass die notwendigen Zahlungen geleistet werden. Bei der Erstellung eines Budgets sollten folgende Schritte beachtet werden:
1. Kategorisierung der Ausgaben: Teilen Sie die Ausgaben in fixe und variable Kosten auf, um besser zu verstehen, wo Einsparungen möglich sind.
2. Priorisierung der Ausgaben: Bestimmen Sie, welche Ausgaben notwendig sind und welche reduziert oder eliminiert werden können.

3. Setzen von Sparzielen: Legen Sie realistische Ziele für den Aufbau eines Notfallfonds oder die Rückzahlung von Schulden fest.

Schuldenmanagement

Das Management von Schulden ist ein zentraler Bestandteil der finanziellen Rehabilitation. Es gibt mehrere Strategien, um Schulden zu reduzieren:
- Schneeball-Methode: Diese Methode priorisiert die kleinsten Schulden zuerst, um schnelle Erfolge zu erzielen und Motivation aufzubauen.
- Lawinen-Methode: Diese Methode konzentriert sich auf die Schulden mit den höchsten Zinssätzen, um die Zinskosten zu minimieren und insgesamt schneller schuldenfrei zu werden.
- Schuldenkonsolidierung: Überlegen Sie, ob die Konsolidierung mehrerer Schulden in einen einzigen Kredit mit niedrigeren Zinsen sinnvoll ist. Dies kann die Rückzahlungsstruktur vereinfachen und die monatlichen Belastungen reduzieren.

Aufbau eines Notfallfonds

Ein Notfallfonds ist entscheidend, um zukünftige finanzielle Schwierigkeiten zu vermeiden. Er sollte mindestens drei bis sechs Monate der Lebenshaltungskosten abdecken und in leicht zugänglichen Konten aufbewahrt werden. Um einen Notfallfonds aufzubauen, können folgende Strategien hilfreich sein:
- Automatisches Sparen: Richten Sie einen automatischen Überweisungsauftrag ein, um regelmäßig Geld auf ein separates Sparkonto zu überweisen.

- Zusätzliche Einnahmen nutzen: Verwenden Sie unerwartete Einnahmen, wie Bonuszahlungen oder Steuererstattungen, um den Notfallfonds schnell zu füllen.
- Einsparungen aus dem Budget: Überprüfen Sie das Budget regelmäßig und suchen Sie nach Einsparungen, um den Notfallfonds zu unterstützen.

Verbesserung der finanziellen Bildung

Finanzielle Bildung ist der Schlüssel zur Vermeidung zukünftiger finanzieller Probleme. Um Ihr Wissen über Geldmanagement zu verbessern, sollten Sie:

- Bücher und Online-Ressourcen nutzen: Es gibt viele Bücher, Blogs und Online-Kurse, die sich mit persönlicher Finanzen und Investitionen beschäftigen.
- Finanzielle Beratung suchen: Professionelle Berater können helfen, die persönliche finanzielle Situation zu analysieren und maßgeschneiderte Strategien zu entwickeln.
- Teilnahme an Workshops: Viele Organisationen bieten Workshops zur finanziellen Bildung an, die wertvolle Informationen und Strategien bieten können.

Langfristige finanzielle Planung

Langfristige finanzielle Planung ist entscheidend für die Erreichung von finanzieller Freiheit. Dies beinhaltet:

- Ziele setzen: Bestimmen Sie, welche finanziellen Ziele für Sie wichtig sind, sei es der Kauf eines Eigenheims, die Altersvorsorge oder die Schaffung eines Vermögens für die nächste Generation.

- Investitionen in Betracht ziehen: Beginnen Sie mit dem Investieren, um Vermögen aufzubauen und langfristig von Zinsen und Wertsteigerungen zu profitieren.
- Regelmäßige Überprüfung des Finanzplans: Überprüfen Sie den Finanzplan regelmäßig und passen Sie ihn an Veränderungen in der Lebenssituation oder den Zielen an.

Psychologische Aspekte der finanziellen Rehabilitation

Die psychologischen Aspekte finanzieller Probleme sollten nicht unterschätzt werden. Finanzielle Schwierigkeiten können Stress, Angst und Scham verursachen. Um diese Gefühle zu bewältigen, können folgende Strategien hilfreich sein:
- Offene Kommunikation: Sprechen Sie mit Familie und Freunden über finanzielle Probleme. Offene Gespräche können Unterstützung und Verständnis bieten.
- Selbstfürsorge: Achten Sie auf Ihre mentale Gesundheit. Praktiken wie Meditation, Sport und Hobbys können helfen, Stress abzubauen.
- Erfolge feiern: Feiern Sie kleine Erfolge auf dem Weg zur finanziellen Rehabilitation. Dies kann dazu beitragen, motiviert zu bleiben und den Fortschritt zu erkennen.

Fazit

Finanzielle Rehabilitation ist ein herausfordernder, aber notwendiger Prozess für Menschen, die finanzielle Schwierigkeiten überwinden möchten. Es erfordert Engagement, Planung und Geduld. Indem Sie die Ursachen Ihrer finanziellen Probleme verstehen, einen klaren Plan zur Schuldenreduzierung entwickeln, einen Notfallfonds aufbauen und Ihre finanzielle Bildung verbessern, können Sie den Grundstein für eine stabile finanzielle Zukunft legen.

Die Reise zur finanziellen Freiheit ist individuell, aber mit den richtigen Strategien und einem starken Fokus auf Ihre Ziele ist es möglich, eine positive Veränderung herbeizuführen und die Kontrolle über Ihre Finanzen zurückzugewinnen. Nutzen Sie die Tools und Techniken, die in diesem Kapitel vorgestellt wurden, um Ihre finanzielle Rehabilitation in die Hand zu nehmen und die Freiheit zu erreichen, die Sie verdienen.

Umgang mit unvorgergesehenen Ausgaben

Im Leben gibt es Momente, die uns finanziell herausfordern – Reparaturen, medizinische Notfälle, unerwartete Rechnungen oder plötzliche Arbeitslosigkeit. Solche Ereignisse sind oft mit Stress und Sorgen verbunden, besonders wenn wir nicht vorbereitet sind. Dabei ist der Umgang mit unvorhergesehenen Ausgaben ein essenzieller Bestandteil jeder soliden Finanzplanung und ein Schlüssel zur finanziellen Stabilität.

In diesem Kapitel betrachten wir verschiedene Ansätze und Strategien, um finanzielle Notfälle besser zu bewältigen und vorbereitet zu sein, wenn das Unerwartete eintritt. Wir beleuchten, wie man sich durch den Aufbau eines Notfallfonds und gezielte Sparmaßnahmen absichern kann. Außerdem widmen wir uns praktischen Tipps, um kurzfristige finanzielle Engpässe zu meistern und langfristig handlungsfähig zu bleiben, ohne die eigenen Finanzen zu belasten.

Das Ziel dieses Kapitels ist es, dich auf den Ernstfall vorzubereiten, ohne Angst vor Ungewissheiten zu haben. Mit den richtigen Methoden und Gewohnheiten wirst du in der Lage sein, selbst große finanzielle Belastungen aufzufangen und weiterhin auf Kurs zu bleiben – Schritt für Schritt zur finanziellen Freiheit.

Notfallfonds aufbauen

Ein plötzlicher finanzieller Engpass kann jeden treffen – sei es durch unerwartete Ausgaben wie eine Autoreparatur, ein medizinisches Problem oder sogar Arbeitsplatzverlust. Wer in solchen Situationen keinen finanziellen Puffer hat, kann schnell in Schwierigkeiten geraten und gezwungen sein, Schulden zu machen oder langfristige Sparziele zu gefährden. Ein Notfallfonds ist daher eine der wichtigsten Sicherheitsnetze in jeder persönlichen Finanzplanung und eine entscheidende Grundlage für finanzielle Freiheit. Dieses Kapitel erklärt Schritt für Schritt, wie du einen Notfallfonds aufbaust und effizient nutzt, um dich in Krisenzeiten finanziell abzusichern.

Was ist ein Notfallfonds und warum ist er wichtig?

Ein Notfallfonds ist ein gesondertes Sparkonto, auf das nur in unvorhergesehenen und dringenden Situationen zurückgegriffen wird. Dieses Geld ist für Notfälle reserviert und wird nur verwendet, wenn keine andere Möglichkeit besteht, die Ausgaben zu decken.

Der Notfallfonds erfüllt drei zentrale Funktionen:
- Finanzielle Sicherheit: Mit einem Notfallfonds musst du dir im Ernstfall weniger Sorgen um deine finanziellen Verpflichtungen machen.
- Unabhängigkeit von Krediten: Du vermeidest es, im Notfall auf teure Kredite oder Dispokredite zurückgreifen zu müssen.
- Langfristige Zielerreichung: Der Fonds schützt deine langfristigen Spar- und Anlageziele, da du deine Ersparnisse nicht antasten musst.

Wie viel solltest du in deinem Notfallfonds ansparen?

Der Zielbetrag für einen Notfallfonds hängt von individuellen Umständen wie Einkommenshöhe, Lebensstil und finanziellen Verpflichtungen ab. Ein gängiger Richtwert liegt bei drei bis sechs Monatsgehältern. Hier ein Überblick, wie du die für dich passende Höhe festlegen kannst:

- Persönliche Verpflichtungen und finanzielle Abhängigkeiten: Wer beispielsweise Alleinverdiener ist, sollte idealerweise einen größeren Puffer ansparen als jemand in einer Partnerschaft mit doppeltem Einkommen.
- Berufliche Stabilität: Wenn du eine stabile Anstellung hast, könnten drei Monatsgehälter ausreichen. Selbstständige oder befristet Beschäftigte sollten eher sechs bis zwölf Monatsgehälter anstreben.
- Fixkosten und Lifestyle: Analysiere deine monatlichen Fixkosten und überlege, wie viel du in einem Notfall benötigen würdest, um für einige Monate über die Runden zu kommen.

Ein praktisches Beispiel: Ein Arbeitnehmer mit einem monatlichen Nettoeinkommen von 2000 Euro und moderaten Fixkosten könnte einen Notfallfonds von etwa 6000 Euro anstreben. Wer hingegen variablere Einnahmen hat, sollte die Berechnungen nach dem höchsten Monatseinkommen ausrichten und dementsprechend die Summe anpassen.

Den Notfallfonds einrichten: Die ersten Schritte

Der Aufbau eines Notfallfonds erfordert einen strukturierten Plan und konsequente Sparmaßnahmen. Folgende Schritte sind hilfreich, um den Fonds aufzubauen:

Schritt 1: Ein separates Konto anlegen
Ein separater Sparkonto ist wichtig, damit du nicht versehentlich auf den Notfallfonds zurückgreifst. Tagesgeldkonten eignen sich dafür besonders gut, da sie Zinsen bieten und das Geld dennoch zugänglich bleibt. Vermeide es, dein Notfallfonds-Konto mit deinem Hauptkonto zu verknüpfen, um Impulsabhebungen zu verhindern.

Schritt 2: Regelmäßige Beiträge festlegen
Bestimme, wie viel du monatlich beiseitelegen kannst, um deinen Notfallfonds zu füllen. Selbst kleine Beträge sind ein guter Start, und der Betrag kann mit steigenden Einnahmen erhöht werden. Setze ein realistisches Sparziel, das du regelmäßig erreichst, um den Notfallfonds kontinuierlich aufzubauen.

Schritt 3: Automatisierte Sparprozesse nutzen
Richte einen Dauerauftrag ein, um monatlich einen festen Betrag auf das Notfallkonto zu überweisen. Durch diese Automatisierung vermeidest du die Versuchung, den Betrag anderweitig zu verwenden, und sicherst so den kontinuierlichen Aufbau deines Fonds.

Tipps zur Beschleunigung des Sparprozesses für den Notfallfonds

Der Aufbau eines Notfallfonds kann je nach finanzieller Ausgangssituation unterschiedlich lange dauern. Hier sind einige effektive Methoden, um den Prozess zu beschleunigen:

- Ausgabenkontrolle und Sparpotenziale identifizieren: Überprüfe deine monatlichen Ausgaben und suche nach Einsparmöglichkeiten. Jeder gesparte Euro bringt dich deinem Ziel eines stabilen Notfallfonds näher.

- Zusatzverdienste nutzen: Wenn möglich, nutze zusätzliches Einkommen aus Nebenjobs, Boni oder Steuererstattungen, um den Notfallfonds schneller zu füllen.
- Nicht notwendige Abos und Ausgaben reduzieren: Verzichte vorübergehend auf Ausgaben, die nicht zwingend erforderlich sind. Du kannst beispielsweise ein Streaming-Abo pausieren oder weniger häufig Essen gehen und das Geld stattdessen in deinen Notfallfonds investieren.

Der Notfallfonds in der Praxis: Wann und wie sollte man ihn nutzen?

Es ist wichtig, den Notfallfonds nur in wirklich dringenden und unvermeidbaren Situationen anzutasten. Hier sind einige Beispiele, wann der Fonds sinnvoll eingesetzt werden kann und wann besser nicht:

- Angemessene Einsatzmöglichkeiten:
    - Plötzliche und kostspielige Autoreparaturen, die für den Arbeitsweg notwendig sind.
    - Unerwartete medizinische Kosten, die von der Krankenkasse nicht übernommen werden.
    - Unvorhergesehene Einkommenseinbußen durch Jobverlust oder Krankheit.
- Wann man den Fonds nicht nutzen sollte:
    - Für geplante Ausgaben, wie Urlaubsreisen oder Konsumwünsche.
    - Um laufende Rechnungen zu decken, wenn es eine einmalige Engpass-Situation ist. Dafür ist eine Budgetanpassung und keine Notfallfondsnutzung sinnvoll.

Aufrechterhaltung und Optimierung des Notfallfonds

Sobald du deinen Notfallfonds aufgebaut hast, ist es wichtig, ihn regelmäßig zu überprüfen und bei Bedarf anzupassen:
- Regelmäßige Überprüfung des Fonds: Plane ein, den Stand deines Notfallfonds jährlich zu prüfen und zu überdenken, ob der Betrag noch ausreichend ist. Änderungen im Lebensstil, steigende Lebenshaltungskosten oder ein neues Einkommen können eine Anpassung nötig machen.
- Nach Inanspruchnahme wieder auffüllen: Wenn du den Fonds für einen Notfall angegriffen hast, ist es ratsam, ihn baldmöglichst wieder auf den Zielbetrag aufzufüllen. Das kannst du wie zu Beginn mit kleinen regelmäßigen Beträgen erreichen.

Notfallfonds versus andere Finanzpolster: Abgrenzung und Balance

Der Notfallfonds ist nur eine von mehreren Finanzreserven. Es gibt andere Rücklagen, die oft ebenfalls benötigt werden und deshalb nicht mit dem Notfallfonds vermischt werden sollten:
- Instandhaltungs- und Pflegefonds: Rücklagen für planbare Kosten, wie Reparaturen am Auto oder am Haus, sollten getrennt vom Notfallfonds angespart werden.
- Langfristige Sparziele und Investitionen: Dein Notfallfonds sollte nicht in riskante oder langfristige Investments wie Aktien oder Fonds fließen, da diese nicht schnell genug verfügbar sind.

Finanzielle Flexibilität erhalten

Finanzielle Flexibilität ist eine entscheidende Fähigkeit in der heutigen, oft unvorhersehbaren Welt. Jeder von uns kann in Situationen geraten, die unerwartete Ausgaben mit sich bringen – sei es durch eine plötzliche Autoreparatur, unerwartete medizinische Kosten oder sogar durch Arbeitsplatzverlust. In solchen Momenten zeigt sich, wie gut wir auf unvorhergesehene Ausgaben vorbereitet sind und ob wir in der Lage sind, ohne großen Stress und finanziellen Druck auf diese Herausforderungen zu reagieren.

In diesem Kapitel werden wir die Grundlagen der finanziellen Flexibilität erörtern und verschiedene Strategien vorstellen, wie du diese Flexibilität bewahren kannst. Der Fokus liegt auf der Entwicklung von soliden finanziellen Gewohnheiten, dem Aufbau eines Notfallfonds, der Schaffung diversifizierter Einkommensströme und dem Management von Ausgaben. All diese Aspekte sind entscheidend, um auch in Krisenzeiten handlungsfähig und sicher zu bleiben. Lass uns also damit beginnen, zu verstehen, was finanzielle Flexibilität wirklich bedeutet und wie du sie erreichen kannst.

Die Bedeutung finanzieller Flexibilität

Finanzielle Flexibilität bezieht sich auf die Fähigkeit, auf unerwartete Ereignisse und Ausgaben zu reagieren, ohne die eigenen finanziellen Ziele zu gefährden. Sie ermöglicht es dir, Anpassungen vorzunehmen und Entscheidungen zu treffen, die deine finanzielle Gesundheit langfristig nicht beeinträchtigen.

Warum ist finanzielle Flexibilität wichtig?

In einer Welt, in der Veränderungen die einzige Konstante sind, ist finanzielle Flexibilität eine der wertvollsten Eigenschaften, die du besitzen kannst. Hier sind einige Gründe, warum finanzielle Flexibilität wichtig ist:

- Sicherheit in Krisenzeiten: Wenn unerwartete Ausgaben auftreten, kannst du schnell reagieren, ohne in Panik zu geraten oder hohe Schulden aufnehmen zu müssen.
- Unabhängigkeit: Finanzielle Flexibilität gibt dir die Freiheit, Entscheidungen zu treffen, die deinem Wohlbefinden dienen, anstatt dich von finanziellen Verpflichtungen einschränken zu lassen.
- Längere Lebensqualität: Ein flexibler Umgang mit Finanzen ermöglicht es dir, auch in schwierigen Zeiten ein gewisses Maß an Lebensqualität aufrechtzuerhalten.

Wie kannst du finanzielle Flexibilität erreichen?

Es gibt verschiedene Strategien, um finanzielle Flexibilität zu erreichen. Dazu gehören:

- Ein gut strukturiertes Budget: Ein realistisches und anpassungsfähiges Budget hilft dir, den Überblick über deine Finanzen zu behalten.
- Ein solider Notfallfonds: Die Rücklage von Geld für unvorhergesehene Ausgaben schützt dich vor finanziellen Engpässen.
- Vielfältige Einkommensströme: Der Aufbau mehrerer Einkommensquellen gibt dir zusätzliche Sicherheit und Flexibilität.

Ein starkes Budget aufbauen

Der erste Schritt zur finanziellen Flexibilität ist der Aufbau eines soliden Budgets. Ein gutes Budget gibt dir nicht nur einen Überblick über deine monatlichen Einnahmen und Ausgaben, sondern hilft dir auch, gezielt zu sparen und deine Finanzen zu steuern.

Einnahmen und Ausgaben analysieren

Um ein effektives Budget zu erstellen, ist es wichtig, deine Einnahmen und Ausgaben genau zu analysieren. Beginne damit, alle deine monatlichen Einkünfte aufzulisten, einschließlich Gehalt, Nebeneinkünften und anderen Einnahmequellen. Anschließend erstellst du eine Liste deiner Ausgaben, die in folgende Kategorien unterteilt werden können:

- Fixkosten: Dazu gehören Miete, Nebenkosten, Versicherungen und andere regelmäßige Zahlungen.
- Variable Ausgaben: Hierunter fallen Ausgaben für Lebensmittel, Freizeit, Kleidung und andere nicht festgelegte Kosten.
- Sparbeträge: Berücksichtige auch, wie viel du jeden Monat für deinen Notfallfonds oder andere Ersparnisse zurücklegen möchtest.

Flexibilität im Budget

Ein flexibles Budget ermöglicht es dir, deine Ausgaben je nach Bedarf anzupassen. Das bedeutet, dass du nicht an starren Zahlen festhalten musst, sondern in der Lage bist, auf Veränderungen zu reagieren.

- Anpassungsfähige Kategorien: Gestalte dein Budget so, dass du variablen Kategorien wie Unterhaltung oder

Freizeitaktivitäten reduzieren kannst, falls unerwartete Ausgaben auftreten.
- Monatliche Überprüfung: Überprüfe dein Budget jeden Monat und passe es an deine aktuellen Lebensumstände an. So bleibst du flexibel und kannst deine Finanzen jederzeit steuern.

Aufbau eines Notfallfonds

Ein Notfallfonds ist eine der besten Möglichkeiten, finanzielle Flexibilität zu sichern. Er dient als Sicherheitsnetz, das dir hilft, unerwartete Ausgaben zu decken, ohne deine langfristigen finanziellen Ziele zu gefährden.

Wie viel sollte im Notfallfonds sein?

Die Höhe des Notfallfonds kann je nach Lebenssituation unterschiedlich sein. Generell wird empfohlen, mindestens drei bis sechs Monatsgehälter beiseite zu legen. Berücksichtige dabei deine persönlichen Umstände:
- Familienstand: Alleinstehende haben möglicherweise andere Anforderungen an einen Notfallfonds als Familien mit mehreren Mitgliedern.
- Einkommenssituation: Wenn du ein stabiles Einkommen hast, sind drei Monate vielleicht ausreichend. Bei schwankendem Einkommen sind sechs Monate oder mehr sinnvoll.

Einen Notfallfonds einrichten

Um einen Notfallfonds effektiv aufzubauen, solltest du folgende Schritte beachten:

- Ein separates Konto einrichten: Eröffne ein separates Sparkonto, auf das du nur für Notfälle zugreifst. Das verhindert, dass du versehentlich auf diese Mittel zugreifst.
- Regelmäßige Einzahlungen planen: Richte einen automatischen Überweisungsauftrag ein, um jeden Monat einen festen Betrag auf dein Notfallkonto zu überweisen. Dadurch wird das Sparen zum automatischen Prozess und du kommst nicht in Versuchung, das Geld anderweitig auszugeben.
- Zusätzliche Einzahlungen in Krisenzeiten: Wenn du in einem Monat extra Geld zur Verfügung hast – zum Beispiel durch Boni oder Geschenke – solltest du einen Teil davon in deinen Notfallfonds einzahlen.

Vielfältige Einkommensquellen schaffen

Um finanzielle Flexibilität zu erhöhen, ist es vorteilhaft, mehrere Einkommensquellen zu haben. Wenn eine Einkommensquelle wegfällt, kann die andere dir helfen, deine Ausgaben zu decken.

Nebeneinkommen generieren

Ein Nebeneinkommen kann dir zusätzliche finanzielle Sicherheit geben und die Abhängigkeit von deinem Hauptjob verringern. Hier sind einige Möglichkeiten, wie du Nebeneinkommen generieren kannst:

- Freiberufliche Tätigkeiten: Nutze deine Fähigkeiten und biete Dienstleistungen in deiner Freizeit an, sei es Grafikdesign, Texterstellung oder Beratung.
- Online-Plattformen: Über Plattformen wie Upwork oder Fiverr kannst du deine Fähigkeiten anbieten und so zusätzliches Geld verdienen.
- Verkauf von Produkten: Überlege, ob du ungenutzte Dinge in deinem Haushalt verkaufen kannst, oder starte einen kleinen Online-Shop für handgefertigte Produkte.

Passive Einkommensquellen entwickeln

Passive Einkommensquellen erfordern anfangs möglicherweise einen gewissen Aufwand, können dir aber auf lange Sicht ein stabiles Einkommen liefern.

- Investitionen: Investiere in Aktien, Immobilien oder Fonds, die dir regelmäßige Erträge bringen.
- Rentenfonds: Beiträge in einen Rentenfonds oder eine private Altersvorsorge können dir langfristig finanzielle Sicherheit bieten.

Umgang mit Schulden

Eine gute Schuldenverwaltung ist entscheidend, um finanzielle Flexibilität zu erhalten. Hohe Schulden können deine finanzielle Freiheit erheblich einschränken und dazu führen, dass du in Krisenzeiten in Schwierigkeiten gerätst.

Schulden vermeiden

Die beste Strategie zur Schuldenvermeidung ist, bewusst und verantwortungsvoll mit deinen Finanzen umzugehen:
- Kreditkarten nur für Notfälle nutzen: Verwende Kreditkarten nur für notwendige Ausgaben und nicht für impulsive Käufe.
- Schuldenfreie Lebensweise: Versuche, so viele Ausgaben wie möglich im Rahmen deines Budgets zu decken, um keine neuen Schulden anzuhäufen.

Bestehende Schulden abbauen

Wenn du bereits Schulden hast, ist es wichtig, einen Plan zu entwickeln, um sie abzubauen:
- Schulden-Tilgungssystem: Setze auf die Schneeball- oder Lawinenmethode, um deine Schulden strategisch abzubauen. Bei der Schneeballmethode tilgst zunächst die kleinsten Schulden, während du bei der Lawinenmethode die Schulden mit den höchsten Zinsen zuerst abbezahlst.
- Zahlungspläne aufstellen: Vereinbare Ratenzahlungen mit Gläubigern, um deine Schulden in überschaubaren Beträgen zu tilgen.

Motivation und Disziplin auf dem Weg zur finanziellen Freiheit

Der Weg zur finanziellen Freiheit ist selten ein geradliniger. Vielmehr gleicht er oft einem herausfordernden Bergpfad, der steile Anstiege, unerwartete Hindernisse und gelegentliche Rückschläge mit sich bringt. An diesem Punkt sind Motivation und Disziplin entscheidend, um nicht nur die notwendigen Schritte zu unternehmen, sondern auch auf Kurs zu bleiben, selbst wenn der Weg beschwerlich wird.

In diesem Kapitel widmen wir uns der essenziellen Rolle von Motivation und Disziplin auf dem Weg zur finanziellen Unabhängigkeit. Es ist wichtig zu verstehen, dass finanzielle Freiheit nicht nur durch Wissen über Budgetierung und Sparstrategien erreicht wird. Vielmehr sind es die inneren Antriebe und die Fähigkeit, an einem Plan festzuhalten, die den entscheidenden Unterschied ausmachen.

Wir werden erkunden, was Motivation in diesem Kontext bedeutet und wie du sie für dich nutzen kannst, um deine finanziellen Ziele zu erreichen. Wir werden auch besprechen, wie Disziplin dir hilft, auch in schwierigen Zeiten an deinem Kurs festzuhalten. Durch praktische Tipps und bewährte Strategien wirst du lernen, wie du sowohl deine Motivation steigern als auch deine Disziplin stärken kannst.

Dieses Kapitel wird dir nicht nur helfen, die notwendigen Schritte zur finanziellen Freiheit zu identifizieren, sondern auch die mentale Stärke zu entwickeln, um diese Schritte auch tatsächlich zu gehen. Denn der Schlüssel zu deinem finanziellen Erfolg liegt nicht nur im richtigen Plan, sondern auch in deiner Fähigkeit, diesem Plan treu zu bleiben und die Herausforderungen, die auf dem Weg dorthin auftreten können, erfolgreich zu meistern. Lass uns gemeinsam die Grundlagen für deine finanzielle Freiheit legen und die Motivation und Disziplin aufbauen, die du benötigst, um sie zu erreichen.

Ziele regelmäßig überprüfen

Die Reise zur finanziellen Freiheit ist ein Prozess, der Zeit, Engagement und eine klare Richtung erfordert. Während du dich auf den Weg machst, ist es entscheidend, nicht nur die richtigen Ziele zu setzen, sondern auch die Fähigkeit zu entwickeln, diese regelmäßig zu überprüfen und anzupassen. In diesem Kapitel werden wir uns eingehend mit der Bedeutung der regelmäßigen Überprüfung von Zielen auseinandersetzen und dir Strategien an die Hand geben, um diese Praxis in deinen Alltag zu integrieren.

Warum Ziele wichtig sind

Bevor wir uns mit der Überprüfung von Zielen befassen, ist es wichtig, die Rolle zu verstehen, die Ziele in deiner finanziellen Reise spielen. Ziele sind mehr als nur ein Satz von Wünschen oder Träumen; sie sind der Kompass, der dich in die richtige Richtung lenkt. Wenn du deine finanziellen Ziele klar definierst, schaffst du eine Grundlage, auf der du deine Entscheidungen und Handlungen aufbauen kannst.

SMART-Ziele formulieren

Ein effektives Ziel ist spezifisch, messbar, erreichbar, relevant und zeitgebunden – das sogenannte SMART-Modell. Hier ist, was jeder Buchstabe bedeutet:

- Spezifisch: Dein Ziel sollte klar und eindeutig sein. Anstatt zu sagen: „Ich möchte Geld sparen", solltest du formulieren: „Ich möchte 5.000 Euro für ein Notfallfonds bis Ende des Jahres sparen."
- Messbar: Du musst in der Lage sein, den Fortschritt zu verfolgen. Indem du einen konkreten Betrag oder eine Zahl angibst, kannst du deinen Fortschritt genau messen.

- Erreichbar: Dein Ziel sollte realistisch sein. Es ist wichtig, dass du dir ein Ziel setzt, das du auch tatsächlich erreichen kannst, basierend auf deinen finanziellen Möglichkeiten und Ressourcen.
- Relevant: Dein Ziel sollte für deine persönlichen Umstände und Lebensziele relevant sein. Es sollte dir helfen, dich auf das Wesentliche zu konzentrieren und deinen langfristigen Plänen dienlich sein.
- Zeitgebunden: Setze dir eine Frist für die Erreichung deines Ziels. Dies gibt dir einen klaren Zeitrahmen, in dem du deine Fortschritte messen kannst.

Durch die Anwendung des SMART-Prinzips schaffst du nicht nur klare, erreichbare Ziele, sondern auch einen Rahmen, der es dir erleichtert, deinen Fortschritt zu überprüfen und gegebenenfalls Anpassungen vorzunehmen.

Die Bedeutung der regelmäßigen Überprüfung

Die regelmäßige Überprüfung deiner Ziele ist entscheidend, um sicherzustellen, dass du auf dem richtigen Weg bist. Hier sind einige Gründe, warum du diesen Schritt nicht vernachlässigen solltest:

Fortschritt messen

Eine der offensichtlichsten Vorteile der regelmäßigen Überprüfung deiner Ziele ist die Möglichkeit, deinen Fortschritt zu messen. Es ist leicht, die Motivation zu verlieren, wenn du nicht siehst, wie weit du gekommen bist. Wenn du jedoch regelmäßig überprüfst, kannst du:

- Fehler erkennen: Du kannst herausfinden, ob du auf dem richtigen Weg bist oder ob du deine Strategie anpassen musst.

- Feierlichkeiten einplanen: Das Erreichen von Zwischenzielen sollte gefeiert werden. Es gibt dir einen Anreiz, weiterzumachen und dich auf das nächste Ziel zu konzentrieren.

Motivation aufrechterhalten

Die Reise zur finanziellen Freiheit kann lang und beschwerlich sein. Regelmäßige Überprüfungen helfen dir, motiviert zu bleiben, indem sie dir erlauben, Erfolge zu sehen, selbst wenn sie klein sind. Hier sind einige Möglichkeiten, wie du deine Motivation aufrechterhalten kannst:

- Visualisierung des Erfolgs: Halte eine Liste deiner Erfolge bereit oder erstelle eine Visualisierungstafel, die deine Ziele und Fortschritte darstellt. Dies wird dir helfen, deine Vision im Auge zu behalten.
- Inspirierende Quellen: Lies Bücher oder höre Podcasts über finanzielle Freiheit. Oft inspirieren die Geschichten anderer Menschen dazu, eigene Fortschritte wertzuschätzen.

Flexibilität und Anpassungsfähigkeit

Das Leben ist voller Überraschungen und Veränderungen. Was zu Beginn als gutes Ziel erschien, könnte sich später als weniger relevant oder erreichbar herausstellen. Regelmäßige Überprüfungen ermöglichen es dir, flexibel zu bleiben und deine Ziele anzupassen, wenn es nötig ist. Hier sind einige Beispiele:

- Änderungen im Lebensstil: Wenn sich deine Lebensumstände ändern, sei es durch eine neue Anstellung, eine Veränderung im Familienstand oder andere wichtige Ereignisse, musst du möglicherweise deine finanziellen Ziele anpassen.

- Marktentwicklungen: Die wirtschaftlichen Rahmenbedingungen ändern sich ständig. Eine regelmäßige Überprüfung hilft dir zu erkennen, ob deine Spar- oder Investitionsziele noch angemessen sind.

Strategien zur Überprüfung deiner Ziele

Es gibt verschiedene Methoden, um deine finanziellen Ziele effektiv zu überprüfen. Hier sind einige bewährte Strategien:

Monatliche Überprüfungen

Plane regelmäßige monatliche Überprüfungen ein, um deinen Fortschritt zu messen und deine Ziele zu bewerten. In dieser Zeit kannst du:
- Budget überprüfen: Überprüfe dein monatliches Budget und achte darauf, ob du deine Ausgaben im Rahmen hältst und wie viel du gespart hast.
- Fortschritte dokumentieren: Halte fest, was du erreicht hast, und notiere dir, wo du stehst.
- Neue Ziele setzen: Wenn du ein Ziel erreicht hast, setze dir neue Ziele für den nächsten Monat. Dies hält dich fokussiert und motiviert.

Quartalsweise Analyse

Eine tiefere Analyse alle drei Monate kann dir helfen, langfristige Trends und Muster zu erkennen. Hier sind einige Punkte, die du in diese Überprüfung einbeziehen kannst:

- Jahresziele bewerten: Schau dir deine langfristigen Ziele an und bewerte, ob du auf Kurs bist, sie bis zum Jahresende zu erreichen.
- Ausgabenanalyse: Überprüfe deine Ausgaben in verschiedenen Kategorien, um festzustellen, wo du eventuell einsparen kannst.
- Anpassungen vornehmen: Passe deine Ziele und Strategien an die aktuellen Lebensumstände und finanziellen Möglichkeiten an.

Jährliche Rückschau

Einmal im Jahr solltest du eine umfassende Rückschau auf deine finanziellen Ziele und Erfolge machen. In diesem Rahmen kannst du:

- Langfristige Perspektive einnehmen: Überprüfe deine Fortschritte über das gesamte Jahr hinweg und bewerte, ob du deinen langfristigen finanziellen Zielen näher gekommen bist.
- Strategien überdenken: Überlege, welche Strategien funktioniert haben und welche möglicherweise ineffektiv waren. Lerne aus diesen Erfahrungen und passe deine Vorgehensweise an.
- Feiern: Nimm dir Zeit, um deine Erfolge zu feiern. Ob groß oder klein, jede Errungenschaft auf dem Weg zur finanziellen Freiheit verdient Anerkennung.

Tools zur Zielverfolgung

Es gibt zahlreiche Tools, die dir helfen können, deine finanziellen Ziele effektiv zu verfolgen. Hier sind einige beliebte Optionen:

Budgetierungssoftware
Budgetierungssoftware wie YNAB (You Need A Budget) oder Mint ermöglicht es dir, deine Ausgaben in Echtzeit zu verfolgen und dein Budget anzupassen. Diese Tools bieten oft auch Analysefunktionen, um zu sehen, wo dein Geld hingeht, und helfen dir, deine Fortschritte bei der Zielverwirklichung zu messen.

Finanz-Apps
Finanz-Apps wie Personal Capital oder PocketGuard sind ebenfalls hilfreich. Sie bieten Funktionen zur Verwaltung von Investitionen und zum Verfolgen von Ausgaben. Viele dieser Apps ermöglichen es dir, Ziele festzulegen und deinen Fortschritt zu visualisieren.

Tabellenkalkulationen
Wenn du den traditionellen Weg bevorzugst, können Tabellenkalkulationen wie Excel oder Google Sheets eine effektive Methode sein, um deine Ziele zu verfolgen. Erstelle Tabellen für dein Budget, deine Ersparnisse und deine Fortschritte. Das Anpassen und Aktualisieren deiner Tabellen ist ein einfacher Prozess und kann dir helfen, den Überblick zu behalten.

Die Rolle von Unterstützung und Verantwortlichkeit

Eine weitere entscheidende Komponente bei der Überprüfung deiner Ziele ist die Unterstützung von anderen. Die Verantwortung, die du gegenüber Freunden oder Familienmitgliedern empfindest, kann deine Motivation erheblich steigern.

Finanzielle Accountability-Partner

Finde einen Accountability-Partner – jemanden, der ebenfalls finanzielle Ziele verfolgt. Regelmäßige Treffen, um Fortschritte zu besprechen und Herausforderungen zu teilen, können sehr motivierend sein. Gemeinsam könnt ihr:
- Ziele festlegen: Vereinbart, welche Ziele ihr beide erreichen möchtet, und unterstützt euch gegenseitig dabei.
- Erfolge feiern: Feiert gemeinsam eure Erfolge und motiviert euch gegenseitig, auch in schwierigen Zeiten dranzubleiben.

Gruppen oder Communities

Es gibt viele Online-Communities, in denen Menschen ihre finanziellen Ziele teilen und sich gegenseitig unterstützen. Tritt einer dieser Gruppen bei oder besuche lokale Veranstaltungen, um Gleichgesinnte zu treffen. Der Austausch mit anderen, die ähnliche Herausforderungen bewältigen, kann dir neue Perspektiven und Motivation bieten.

Fazit
Die regelmäßige Überprüfung deiner finanziellen Ziele ist eine der wichtigsten Praktiken auf dem Weg zur finanziellen Freiheit. Sie ermöglicht es dir, deinen Fortschritt zu messen, motiviert zu bleiben und flexibel auf Veränderungen zu reagieren.

Die Bedeutung von Belohnungen

Die Reise zur finanziellen Freiheit ist eine anspruchsvolle, aber äußerst lohnende Aufgabe. Sie erfordert eine sorgfältige Planung, ständige Selbstdisziplin und die Bereitschaft, neue Gewohnheiten zu entwickeln. Eine oft übersehene, aber entscheidende Komponente auf diesem Weg ist das Konzept der Belohnungen. In diesem Kapitel werden wir untersuchen, warum Belohnungen wichtig sind, wie sie als Motivatoren wirken können und welche Formen von Belohnungen du in deinen Finanzplan integrieren kannst.

Die Psychologie der Belohnungen

Um zu verstehen, warum Belohnungen so entscheidend sind, ist es hilfreich, einen Blick auf die psychologischen Grundlagen zu werfen. Belohnungen stimulieren das Belohnungssystem im Gehirn und setzen Neurotransmitter wie Dopamin frei. Dieses „Glückshormon" ist ein Schlüssel zu Motivation und Zufriedenheit. Wenn wir für unsere Anstrengungen belohnt werden, stärken wir unsere positiven Verhaltensweisen und unsere Motivation, weiterzumachen.

Positive Verstärkung

Die Belohnung von Zielen und Fortschritten ist ein klassisches Beispiel für positive Verstärkung. In der Psychologie bezieht sich positive Verstärkung auf die Einführung eines angenehmen Reizes, um die Wahrscheinlichkeit eines Verhaltens zu erhöhen. In der Finanzwelt bedeutet dies, dass du dir selbst eine Belohnung gibst, wenn du bestimmte finanzielle Meilensteine erreichst oder bestimmte Disziplinen einhältst.

Belohnungen als Motivatoren

Belohnungen spielen eine zentrale Rolle dabei, die Motivation aufrechtzuerhalten und dir zu helfen, fokussiert zu bleiben. Hier sind einige Aspekte, wie Belohnungen als starke Motivatoren wirken:

Erhöhung der Motivation

Wenn du auf ein Ziel hinarbeitest, kann der Weg oft lang und mühsam erscheinen. Indem du dir kleine Belohnungen für erreichte Etappen setzt, kannst du die Motivation steigern und den Fortschritt greifbarer machen. Dies kann helfen, den Tunnelblick zu vermeiden und dir regelmäßig einen Grund zu geben, stolz auf das zu sein, was du erreicht hast.

Verbesserung des Durchhaltevermögens

Belohnungen fördern das Durchhaltevermögen. Anstatt nur auf ein großes Ziel hinzuarbeiten, kannst du durch kleine Belohnungen deine Fortschritte wertschätzen. Diese Praxis kann die Wahrscheinlichkeit erhöhen, dass du auch in Zeiten der Unsicherheit oder Herausforderungen auf Kurs bleibst. Wenn du dir beispielsweise eine kleine Belohnung für das Einhalten deines Budgets in einem bestimmten Monat gibst, steigert das die Wahrscheinlichkeit, dass du dies auch im nächsten Monat tust.

Förderung positiver Gewohnheiten

Belohnungen sind eine hervorragende Methode, um neue, positive Gewohnheiten zu fördern. Indem du für gute finanzielle Praktiken belohnst, stärkst du diese Gewohnheiten langfristig. Wenn du zum Beispiel einen Monat lang konsequent in dein Sparschwein für den Notfallfonds einzahlst und dich dafür belohnst, wird diese Praxis zunehmend zur Gewohnheit.

Arten von Belohnungen

Es gibt verschiedene Arten von Belohnungen, die du in deinen finanziellen Plan integrieren kannst. Die Wahl der richtigen Belohnung ist entscheidend, um sicherzustellen, dass sie dich motiviert und nicht von deinen finanziellen Zielen ablenkt.

Materielle Belohnungen

Materielle Belohnungen sind greifbar und können ein gutes Gefühl der Belohnung vermitteln. Hier sind einige Beispiele:
- Kleines Luxusgut: Gönn dir ein kleines Luxusgut, das du dir schon lange gewünscht hast, z. B. ein neues Buch, ein schönes Kleidungsstück oder ein Gadget.
- Erlebnisgeschenke: Plane einen Ausflug oder ein schönes Abendessen. Diese Erfahrungen können oft wertvoller sein als materielle Dinge und schaffen Erinnerungen.

Nicht-materielle Belohnungen

Manchmal sind nicht-materielle Belohnungen ebenso motivierend, wenn nicht sogar motivierender. Diese können zum Beispiel sein:

- Zeit für dich selbst: Plane einen entspannten Tag für dich. Dies kann ein Wellness-Tag, ein entspannter Nachmittag mit einem guten Buch oder einfach Zeit mit Freunden sein.
- Hobbys und Interessen: Verwöhne dich mit Zeit, die du deinem Hobby widmen kannst. Das kann alles von einem Kinobesuch bis zu einem neuen Handwerksprojekt sein.

Soziale Belohnungen

Die Unterstützung und Anerkennung von anderen kann eine starke motivierende Kraft sein. Hier sind einige Möglichkeiten, wie du soziale Belohnungen nutzen kannst:

- Gemeinsame Feiern: Teile deine Erfolge mit Freunden und Familie. Plane eine kleine Feier oder ein gemeinsames Essen, um deine Fortschritte zu würdigen.
- Gruppe oder Community: Schließe dich einer Gruppe oder Community an, die ähnliche Ziele hat. Das Teilen von Erfolgen und Herausforderungen kann sehr motivierend sein.

Belohnungen richtig einsetzen

Um das volle Potenzial von Belohnungen auszuschöpfen, ist es wichtig, sie strategisch einzusetzen. Hier sind einige Tipps, wie du Belohnungen effektiv in deine Finanzstrategie integrieren kannst:

Zielgerade festlegen

Setze klare Ziele und definierte Meilensteine. Überlege dir, welche Fortschritte du erzielen musst, um dir eine Belohnung zu gönnen. Indem du deine Ziele in erreichbare Abschnitte unterteilst, bleibt die Belohnung für jeden Fortschritt greifbar.

Belohnungen festlegen, bevor du beginnst

Entscheide im Voraus, welche Belohnungen du dir gönnen möchtest. Dies hilft, die Vorfreude zu steigern und stellt sicher, dass die Belohnungen zu den Zielen passen. Vermeide es, dich während des Prozesses von impulsiven Entscheidungen leiten zu lassen.

Budget für Belohnungen einplanen

Wenn du mit einem Budget arbeitest, ist es wichtig, einen bestimmten Betrag für Belohnungen einzuplanen. Berücksichtige dies als Teil deiner Ausgaben. Indem du den finanziellen Spielraum für Belohnungen von vornherein festlegst, bleibt dein Budget im Gleichgewicht.

Dokumentation und Reflexion

Halt deine Fortschritte und Belohnungen schriftlich fest. Dies kann dir helfen, deinen Fortschritt besser zu visualisieren und die Bedeutung der Belohnungen zu reflektieren. Überlege dir, wie jede Belohnung dir geholfen hat, motiviert zu bleiben.

Gefahren von Belohnungen

Obwohl Belohnungen sehr vorteilhaft sein können, gibt es auch Risiken, die du beachten solltest. Hier sind einige der häufigsten Fallstricke:

Übermäßige Belohnungen

Es ist wichtig, die Größe der Belohnungen im Auge zu behalten. Wenn du dir bei jedem kleinen Fortschritt eine große Belohnung gönnst, kann dies schnell die finanzielle Stabilität gefährden und dazu führen, dass du deine Budgetziele gefährdest. Halte deine Belohnungen im Verhältnis zu den erreichten Fortschritten.

Fehlgeleitete Belohnungen

Achte darauf, dass deine Belohnungen deine finanziellen Ziele unterstützen und nicht untergraben. Wenn du beispielsweise deine Ersparnisse aufbaust, aber eine Belohnung in Form einer großen Anschaffung machst, die deine Ersparnisse aufbraucht, wirkt sich das negativ auf deine langfristigen Ziele aus.

Kurzfristige Belohnungen

Fokussiere dich auf Belohnungen, die dir langfristige Freude bringen. Kurzfristige Belohnungen können zwar motivierend sein, doch sie sind oft nicht nachhaltig. Überlege dir, wie eine Belohnung deine langfristigen Ziele unterstützen kann.

Fazit

Belohnungen sind ein wesentlicher Bestandteil deiner Reise zur finanziellen Freiheit. Sie können als Motivatoren wirken, deine Disziplin stärken und dir helfen, deine Fortschritte zu schätzen. Durch die kluge Planung und den strategischen Einsatz von Belohnungen kannst du deinen Weg zur finanziellen Unabhängigkeit nicht nur erfolgreicher, sondern auch angenehmer gestalten. Denke daran, dass es nicht nur darum geht, das Ziel zu erreichen, sondern auch darum, die Reise zu genießen und jeden Schritt auf dem Weg zu feiern. Indem du dir selbst kleine, aber bedeutungsvolle Belohnungen gibst, schaffst du eine positive Atmosphäre, die dich dazu inspiriert, deine finanziellen Ziele weiter zu verfolgen und zu erreichen.

Fallstudien und praktische Übungen

Im Kapitel „Fallstudien und praktische Übungen" steigen wir in die Praxis des Smart Budgeting ein. Theorie und Wissen über Finanzplanung sind ein erster, wichtiger Schritt – doch wie so oft liegt der Schlüssel im Tun. In diesem Kapitel finden Sie konkrete Beispiele und interaktive Übungen, die Ihnen helfen, Ihr Wissen in die Tat umzusetzen und eigene Lösungen zu entwickeln. Wir werfen einen Blick auf reale Fälle, in denen Menschen sich finanziellen Herausforderungen stellten und durch kluge Budgetentscheidungen ihre finanzielle Lage verbessert haben.

Sie werden lernen, diese Erkenntnisse auf Ihre eigenen Finanzen anzuwenden und Schritt für Schritt die Methoden des Smart Budgeting in Ihr Leben zu integrieren. Durch die Fallstudien erhalten Sie ein tieferes Verständnis dafür, wie ein systematischer Ansatz zur Finanzplanung in der Praxis funktioniert – unabhängig davon, ob es um das Anlegen von Rücklagen, das Tilgen von Schulden oder das Erreichen langfristiger Sparziele geht.

Machen Sie sich bereit für einen praxisnahen Abschnitt, der Ihnen nicht nur Inspiration, sondern auch die Werkzeuge bietet, finanzielle Freiheit real und nachhaltig zu erreichen.

Erfolgreiche Budgetierungsbeispiele

Ein Budget zu erstellen, ist der erste Schritt zu einer besseren Finanzplanung. Doch erst durch die konkrete Umsetzung und kontinuierliche Anpassung kann ein Budget wirklich erfolgreich werden. In diesem Kapitel betrachten wir reale Fallstudien von Menschen und Haushalten, die es geschafft haben, ihre finanzielle Situation erheblich zu verbessern. Diese Beispiele bieten nicht nur Inspiration, sondern auch wertvolle Lektionen zur Nachahmung.

Wir analysieren die Budgets von verschiedenen Haushaltsgrößen, beruflichen Hintergründen und Lebensumständen, um zu zeigen, wie unterschiedlich die Wege zur finanziellen Freiheit aussehen können. Jede Fallstudie enthält praktische Übungen, mit denen Leser
das Gelernte direkt auf ihre eigene Situation anwenden können.

Fallstudie 1: Single und Berufseinsteiger – Vom Dispo ins Plus

Personenbeschreibung:
Lukas, 28 Jahre alt, Berufseinsteiger im Bereich Marketing, lebt in einer Großstadt. Monatliches Nettoeinkommen: 2.200 €. Lukas hat vor zwei Jahren sein Studium abgeschlossen und arbeitet seit einem Jahr in einer Festanstellung.

Ausgangssituation:
Lukas hatte während des Studiums Schulden angesammelt, da er neben dem BaföG auch einen Dispo nutzte. Seine monatlichen Ausgaben überstiegen oft sein Gehalt, und er lebte „von Monat zu Monat", ohne auf seine Kontostände zu achten. Er hatte keinen Überblick über seine Ausgaben und am Monatsende war sein Konto oft im Minus.

Ziele:

- Dispo ausgleichen und sparen lernen.
- Monatlich mindestens 200 € für Rücklagen oder Notfälle zurücklegen.
- Perspektivisch für eine Weiterbildung Geld ansparen.

Budgetierungsstrategie:
Lukas entschied sich für das „50/30/20"-Modell. Dabei werden 50 % des Nettoeinkommens für Fixkosten (Miete, Lebensmittel), 30 % für variable Kosten (Freizeit, Hobbys) und 20 % für Rücklagen oder Schuldenabbau genutzt.

Ergebnisse nach 6 Monaten:

Durch konsequente Anpassung der variablen Ausgaben schaffte es Lukas, monatlich 250 € zur Seite zu legen und seine Schulden innerhalb von 6 Monaten zu tilgen. Sein Kontostand ist stabil positiv, und er hat ein Gefühl der finanziellen Sicherheit gewonnen.

Übung:
1. Setze dir klare Ziele für deinen Dispoabbau oder deine Rücklagen.
2. Teste die „50/30/20"-Methode an deinem eigenen Einkommen und passe sie bei Bedarf an.

Fallstudie 2: Familie mit zwei Kindern – Budgetierung für Familienausgaben

Personenbeschreibung:
Familie Meier, bestehend aus zwei Elternteilen (beide berufstätig) und zwei Kindern (6 und 9 Jahre alt). Monatliches Haushaltsnettoeinkommen: 4.500 €.

Ausgangssituation:
Die Meiers hatten Schwierigkeiten, ihre Ausgaben im Überblick zu behalten, da unvorhergesehene Kosten wie Kinderkleidung, Schulmaterialien oder Freizeitaktivitäten oft das Budget sprengten. Zudem waren sie unsicher, wie viel sie langfristig für ihre Kinder sparen sollten.

Ziele:
- Monatliche Sparquote erhöhen, um für Bildung und Freizeit der Kinder Rücklagen zu bilden.
- Ein stabiles Haushaltsbudget erstellen und monatliche Schwankungen abfedern.
- Größere Ausgaben (Urlaub, Möbel) besser planen.

Budgetierungsstrategie:
Familie Meier entschied sich für eine „Zero-Based-Budgeting"-Methode, bei der jeder Euro des Einkommens vorab verplant wird. Sie unterteilten ihr Budget in feste Kategorien wie Bildung, Notfallrücklagen, Freizeit, Kinder und Wohnen.

Ergebnisse nach 1 Jahr:
Mit der Zero-Based-Methode konnten die Meiers unerwartete Ausgaben leichter abfedern, da sie einen Teil ihres Budgets immer für solche Fälle reservierten. Sie haben eine Reserve für die Schul- und Ausbildungskosten ihrer Kinder aufgebaut und fühlen sich finanziell weniger belastet.

Übung:
1. Liste deine monatlichen Ausgaben in Kategorien auf, die für deinen Alltag wichtig sind.
2. Erstelle ein Zero-Based-Budget und verplane jeden Euro deines Einkommens bewusst.

Fallstudie 3: Selbständige Unternehmerin – Schwankendes Einkommen effektiv managen

Personenbeschreibung:
Sara, 35 Jahre alt, selbständige Grafikdesignerin, lebt allein. Monatliches Einkommen schwankt zwischen 2.000 € und 5.000 €, abhängig von Aufträgen.

Ausgangssituation:
Sara verdiente oft gut, hatte jedoch in schwächeren Monaten Probleme, laufende Kosten zu decken. Sie lebte im Ungewissen, da ihr Einkommen unregelmäßig kam und sie keinen finanziellen Puffer besaß.

Ziele:
- Ein finanzielles Polster aufbauen, um monatliche Schwankungen auszugleichen.
- Investitionen für Weiterbildung und Equipment besser planen.
- Einen Überblick über regelmäßige und variable Kosten gewinnen.

Budgetierungsstrategie:
Sara entschied sich für ein „Saisonales Budget", das ihre Schwankungen berücksichtigt. Sie teilte ihr Einkommen in Hoch- und Tiefphasen auf und richtete ein separates Konto für Notfälle ein. In guten Monaten spart sie 30-40 % ihres Einkommens, um in schwachen Monaten davon zu zehren.

Ergebnisse nach 8 Monaten:
Mit dem saisonalen Budget hat Sara nun genügend Rücklagen, um auch in auftragsarmen Monaten ihre Lebenshaltungskosten zu decken. Die finanzielle Stabilität gab ihr die Sicherheit, neue Kundenprojekte anzunehmen und ihre Investitionen besser zu planen.

Übung:
1. Erstelle eine Liste deiner festen und variablen Kosten.
2. Teile dein Einkommen in Hoch- und Tiefphasen auf und plane entsprechend Rücklagen für schlechtere Monate.

Fallstudie 4: Ehepaar vor dem Ruhestand – Altersvorsorge und Lebensqualität

Personenbeschreibung:
Anna und Peter, beide Anfang 60, planen, in den nächsten fünf Jahren in den Ruhestand zu gehen. Monatliches Haushaltsnettoeinkommen: 5.500 €.

Ausgangssituation:
Anna und Peter haben zwar gut verdient und konnten regelmäßig sparen, doch ihre Altersvorsorge war bisher nicht systematisch geplant. Sie möchten sicherstellen, dass sie ihren Lebensstandard auch im Ruhestand halten können.

Ziele:
- Ein realistisches Budget für den Ruhestand entwickeln.
- Sparquote erhöhen und Rücklagen für Reisen und Hobbys schaffen.
- Plan für Gesundheitsausgaben und Pflegekosten erstellen.

Budgetierungsstrategie:
Sie entschieden sich für die „Pay-Yourself-First"-Methode, bei der ein festgelegter Prozentsatz des Einkommens direkt in langfristige Sparprodukte und Investments fließt. Zusätzlich nutzen sie einen „Ruhestandsrechner", um ihre voraussichtlichen Ausgaben im Alter zu simulieren.

Ergebnisse nach 3 Jahren:
Anna und Peter haben nun eine fundierte Altersvorsorge mit realistischen Sparbeträgen und einen Überblick über ihre monatlichen Fix- und variablen Kosten. Sie können im Ruhestand auf Erspartes zurückgreifen und weiterhin ihre Lebensqualität erhalten.

Übung:
1. Definiere ein monatliches Sparziel für die Altersvorsorge.
2. Erstelle mit einem „Ruhestandsrechner" einen Überblick über deine erwarteten Ausgaben im Alter und passe deine Sparquote entsprechend an.

Praktische Übungen zur Budgetierung

Am Ende dieses Kapitels findest du einige praktische Übungen, um das Gelernte aus den Fallstudien umzusetzen.

- Erstelle dein persönliches Monatsbudget: Wähle eine der vorgestellten Methoden, die zu deinem Lebensstil passt.
- Analysiere deine Ausgaben: Notiere alle Fixkosten und variable Kosten der letzten drei Monate. Überlege, wie du unregelmäßige Ausgaben in deine monatliche Planung integrieren kannst.
- Rücklagen aufbauen: Setze dir ein realistisches Sparziel und arbeite kontinuierlich daran. Verwende eine App oder ein Budgetierungstool, um dein Ziel zu verfolgen.
- Monatliche Reflektion: Plane Zeit für eine monatliche Budgetanalyse ein. Prüfe, ob du dich an deinen Plan gehalten hast, und passe ihn, wenn nötig, an.

Erfolgreiche Budgetierung ist kein starres System, sondern eine kontinuierliche Anpassung an die persönliche Lebenslage. Die vorgestellten Fallstudien zeigen, dass jede Lebenssituation – ob Berufseinsteiger, Familie, Selbstständige oder Ruheständler – spezifische Anforderungen hat. Die regelmäßige Anwendung der genannten Budgetierungsmethoden kann Leser
dabei helfen, finanzielle Ziele zu erreichen und langfristige finanzielle Freiheit zu erlangen.

Praktische Übungen zur Umsetzung

Um finanzielle Freiheit Schritt für Schritt zu erreichen, ist es entscheidend, Theorie in die Praxis umzusetzen. Die folgenden praktischen Übungen helfen dir dabei, die Grundlagen der Budgetierung zu vertiefen und eigene Gewohnheiten systematisch zu verbessern. Ziel ist es, durch gezielte Planung und regelmäßige Überprüfung finanziellen Spielraum zu schaffen und eine stabilere, bewusstere Einstellung zum eigenen Geld zu entwickeln.

Die Übungen in diesem Kapitel führen dich durch verschiedene Budgetierungstechniken und zielen darauf ab, deinen finanziellen Alltag transparenter und kontrollierter zu gestalten. Jede Übung wird von praxisnahen Tipps und Schritt-für-Schritt-Anleitungen begleitet, damit du deine Finanzen so einfach wie möglich ordnen und optimieren kannst.

Übung 1: Erstellung eines realistischen Haushaltsbudgets

Ziel: Ein realistisches Monatsbudget entwickeln, das Fixkosten und variable Ausgaben klar definiert und Platz für Sparziele lässt.

- Alle Einnahmen und Ausgaben auflisten: Beginne damit, deine monatlichen Einnahmen genau aufzuschlüsseln – dazu gehören Gehalt, Nebenverdienste, Unterhaltszahlungen, Kindergeld oder andere regelmäßige Einnahmequellen.
- Fixkosten identifizieren: Mache eine Liste all deiner Fixkosten, die regelmäßig und in konstanter Höhe anfallen. Dazu zählen Miete, Strom, Versicherungen, Handyverträge, Abonnements etc.
- Variable Ausgaben aufschreiben: Variable Kosten sind flexibel und umfassen Bereiche wie Lebensmittel, Freizeit,

Shopping, und Hobbys. Notiere die durchschnittlichen Beträge, die du in den letzten Monaten für diese Kategorien ausgegeben hast.
- Sparziele festlegen: Entscheide, welchen Betrag du monatlich zur Seite legen möchtest. Am besten richtest du dir einen separaten Spar- oder Notfallfonds ein, um deine Sparrate konsequent zu verfolgen.
- Übersicht erstellen: Notiere alle Kategorien und trage die Beträge in ein übersichtliches Dokument oder eine Budgetierungs-App ein. So erhältst du eine klare Übersicht, was du im Monat zur Verfügung hast und wo du sparen könntest.

Praxis-Tipp: Achte darauf, dein Budget realistisch zu gestalten und es an deine persönlichen Lebensumstände anzupassen. Ein zu enges Budget kann dazu führen, dass du frustriert aufgibst, bevor du Fortschritte siehst.

Übung 2: Ausgabentagebuch führen

Ziel: Eigene Konsumgewohnheiten besser verstehen und identifizieren, wo sich kleine Beträge ansammeln, die das Budget sprengen könnten.
- Kategorien festlegen: Erstelle ein Ausgabentagebuch und unterteile es in Kategorien wie „Lebensmittel", „Freizeit", „Transport", „Essen außer Haus", „Kleidung" und „Hobbys".
- Ausgaben eintragen: Für den Zeitraum eines Monats notierst du jede Ausgabe, die du tätigst, egal wie klein sie ist. Dies könnte ein Coffee-to-go, eine Zeitung oder eine spontane Online-Bestellung sein.
- Wöchentliche Analyse: Am Ende jeder Woche analysierst du, welche Ausgaben überraschend hoch oder überflüssig waren. Frage dich, ob es wiederkehrende Muster gibt, wie

zum Beispiel der tägliche Coffee-to-go, und überlege, wie du diese Kosten reduzieren könntest.
- Monatsbilanz ziehen: Am Ende des Monats überprüfst du, wie hoch deine variablen Ausgaben tatsächlich waren und inwieweit sie deinem Budget entsprachen.

Praxis-Tipp: Ein Ausgabentagebuch schärft das Bewusstsein für kleine Summen, die sich im Laufe des Monats zu großen Beträgen summieren können. Führe das Tagebuch nicht nur für einen, sondern für mindestens drei Monate, um nachhaltige Veränderungen in deinem Konsumverhalten zu bewirken.

Übung 3: „Zero-Based Budgeting" anwenden

Ziel: Jeden Euro deines Einkommens gezielt einsetzen, um deine Ausgaben bestmöglich zu planen und gezielt zu sparen.
- Einnahmen und Ausgaben ausgleichen: Beim Zero-Based Budgeting (ZBB) verplanst du dein gesamtes Einkommen, sodass am Ende des Monats „null" übrig bleibt – weil jeder Euro eine klare Zuweisung hat.
- Prioritäten setzen: Erstelle eine Liste aller Kategorien, in die dein Geld fließt, und ordne diesen Prioritäten zu. Fixkosten und Schuldenabbau haben dabei höchste Priorität, gefolgt von notwendigen variablen Ausgaben wie Lebensmitteln und Transport. Übriges Geld fließt in Sparziele.
- Flexibilität einbauen: Auch wenn jeder Euro verplant ist, ist Flexibilität entscheidend. Plane für unvorhergesehene Ausgaben eine kleine Reserve in deinem Budget ein, damit du flexibel bleiben kannst, ohne dein Budget zu überziehen.
- Monatlich neu budgetieren: Jeden Monat planst du von Grund auf neu, damit dein Budget immer an deine aktuellen Bedürfnisse angepasst ist.

Praxis-Tipp: Zero-Based Budgeting erfordert Konsequenz und eine gute Dokumentation. Am besten verwendest du dafür eine Budgetierungs-App oder eine Vorlage, um jeden Euro optimal zu verplanen und mögliche Schwankungen von Monat zu Monat zu erfassen.

Übung 4: Rücklagenbildung für Notfälle

Ziel: Ein Notfallkonto einrichten, um bei unvorhergesehenen Ausgaben wie Autoreparaturen, Arztkosten oder kurzfristigen finanziellen Engpässen abgesichert zu sein.

- Betrag festlegen: Experten empfehlen, drei bis sechs Monatsgehälter als Notfallrücklage zu halten. Dieser Betrag kann in kleinen Schritten erreicht werden.
- Monatlichen Sparbetrag definieren: Lege fest, wie viel du monatlich für deinen Notfallfonds sparen möchtest. Selbst kleine Beträge wie 50 € monatlich summieren sich über das Jahr zu einer hilfreichen Reserve.
- Notfallkonto eröffnen: Für mehr Übersicht und Disziplin ist es sinnvoll, ein separates Konto als Notfallkonto zu eröffnen. So vermeidest du, dass du das Geld versehentlich für andere Zwecke ausgibst.
- Regelmäßig prüfen und anpassen: Dein Notfallkonto sollte regelmäßig aufgestockt werden, besonders wenn sich deine Lebenssituation ändert. Es ist wichtig, dass dieser Fonds nur für tatsächliche Notfälle verwendet wird.

Praxis-Tipp: Automatisiere deine monatlichen Überweisungen auf das Notfallkonto, um diese Rücklagenbildung fest in deinen Alltag zu integrieren.

Übung 5: Spar-Challenge zur Motivation

Ziel: Durch kleine Challenges das Sparen zur Gewohnheit machen und so mit Spaß und Abwechslung finanzielle Ziele erreichen.

- Challenge auswählen: Es gibt viele Spar-Challenges, die dich motivieren können, regelmäßiger Geld zurückzulegen. Beispiele sind die „52-Wochen-Challenge" (jede Woche einen steigenden Betrag sparen) oder die „Kein-Auswärts-Essen-Challenge".
- Realistisches Ziel setzen: Wähle eine Challenge, die deinen Möglichkeiten entspricht. Der Betrag muss nicht hoch sein – eine kleine, aber regelmäßige Sparrate kann bereits positive Effekte haben.
- Erfolge dokumentieren: Halte fest, wie viel du durch deine Challenge angespart hast und wie sich deine Einstellung zum Sparen verändert. Dies kann sehr motivierend sein und hilft, Erfolge sichtbar zu machen.
- Abschluss und Belohnung: Nach Beendigung der Challenge kannst du dir eine kleine Belohnung gönnen oder den Betrag auf dein Notfall- oder Sparkonto überweisen.

Praxis-Tipp: Setze dir zusätzliche Ziele, wie etwa ein Budget für Freizeit und Hobbys, die du nach Abschluss der Challenge erreichen möchtest. Das steigert die Motivation.

Übung 6: Budget-Überprüfung und Anpassung

Ziel: Regelmäßig das Budget reflektieren und an geänderte Lebensumstände anpassen.

- Monatlicher Check: Jeden Monat führst du eine Analyse deiner Einnahmen und Ausgaben durch. Hat sich das Budget als realistisch erwiesen? Gibt es Kategorien, in denen du überzogen hast?

- Anpassungen vornehmen: Falls du festgestellt hast, dass eine Kategorie häufig überzogen wurde oder du mehr sparen möchtest, justiere das Budget entsprechend. Mache dies mindestens quartalsweise.
- Langfristige Sparziele festlegen: Es ist sinnvoll, alle sechs Monate bis zu einem Jahr auch die langfristigen Ziele anzupassen. Wenn du zum Beispiel mehr für Reisen sparen möchtest oder größere Anschaffungen planst, solltest du das Budget dafür optimieren.
- Reflexion und Belohnung: Nutze Erfolge als Motivation und setze dir neue Ziele, sobald alte erreicht sind. Ein reflektiertes Budget unterstützt dich nachhaltig bei der Erreichung deiner finanziellen Freiheit.

Praxis-Tipp: Nutze digitale Budgetierungs-Tools, die dir helfen, deine Finanzen detailliert zu überwachen und Erinnerungen an Sparziele einzurichten.

Ressourcen und weiterführende Literatur

Das Kapitel "Ressourcen und weiterführende Literatur" bietet eine umfassende Sammlung an Hilfsmitteln, Quellen und Lesematerialien, die dir helfen können, dein Wissen über Budgetierung und Finanzmanagement weiter zu vertiefen. In einer Welt, in der finanzielle Bildung oft nur rudimentär vermittelt wird, ist es besonders wertvoll, auf Ressourcen zurückzugreifen, die praktische Anleitungen und fundiertes Wissen bieten. Ganz gleich, ob du gerade erst beginnst, dich mit deinen Finanzen auseinanderzusetzen, oder ob du bereits Budgetierungsstrategien erfolgreich anwendest – dieses Kapitel bietet hilfreiche Quellen für jeden Wissensstand.

Wir haben die besten Bücher, Websites, Apps und weiteren Materialien sorgfältig ausgewählt, um sicherzustellen, dass du Zugang zu qualitativ hochwertigen und verlässlichen Informationen erhältst. Diese Ressourcen können dir dabei helfen, dein Budget noch besser zu verwalten, deine finanziellen Ziele zu erreichen und langfristig finanzielle Freiheit zu erlangen. Von klassischen Finanzratgebern und digitalen Tools bis hin zu Podcasts und Communitys findest du hier eine Vielfalt an Möglichkeiten, deine Kenntnisse auszubauen und dich inspirieren zu lassen.

Dieses Kapitel ist nicht nur als Abschluss, sondern auch als Sprungbrett gedacht: Es soll dir dabei helfen, das Gelernte aus diesem Buch in einem breiteren Kontext anzuwenden und dich bei jedem Schritt deiner finanziellen Reise zu unterstützen.

Empfehlenswerte Bücher

Im Folgenden ist eine Liste empfehlenswerter Bücher. Diese Bücher decken verschiedene Aspekte des persönlichen Finanzmanagements, der Budgetierung und des Investierens ab und bieten wertvolle Informationen und Anleitungen, um die eigene finanzielle Situation zu verbessern.

1. **"Die Kunst, über Geld nachzudenken"** von André Kostolany
   Ein Klassiker der Finanzliteratur, in dem der erfahrene Börsenexperte André Kostolany seine Einsichten zur Geldanlage und den Finanzmärkten teilt. Kostolany vermittelt ein fundiertes Verständnis der Finanzwelt und erklärt anschaulich, wie man langfristig erfolgreich investiert.

2. **"Rich Dad Poor Dad: Was die Reichen ihren Kindern über Geld beibringen"** von Robert T. Kiyosaki
   Dieses Buch stellt die unterschiedlichen Ansichten von Kiyosakis „Rich Dad" und „Poor Dad" dar und zeigt auf, wie man durch finanzielles Wissen Vermögen aufbauen kann. Es ist ideal für alle, die nach einem Grundverständnis des Geldmanagements suchen.

3. **"Das einzige Buch, das Du über Finanzen lesen solltest"** von Thomas Kehl und Mona Linke
   Geschrieben von den Machern des YouTube-Kanals „Finanzfluss", bietet dieses Buch eine praxisorientierte Einführung in die Welt der Finanzen und des Investierens. Die Autoren erklären Grundbegriffe und geben Tipps zur Altersvorsorge, zum Vermögensaufbau und zur Vermeidung typischer Fehler.

4. **"Die Psychologie des Geldes: Zeitlose Lektionen über Reichtum, Gier und Glück"** von Morgan Housel
Housel zeigt in seinem Buch, wie wichtig das Verständnis der eigenen finanziellen Verhaltensweisen ist. Mit einer Mischung aus Forschung und Beispielen erklärt er, warum unsere Entscheidungen über Geld oft irrational sind und wie wir ein gesundes Verhältnis zu unseren Finanzen aufbauen können.

5. **"Der reichste Mann von Babylon"** von George S. Clason
In Form von Parabeln vermittelt dieses Buch grundlegende Prinzipien des Vermögensaufbaus und der finanziellen Unabhängigkeit. Clasons Lektionen sind einfach, aber effektiv und zeigen zeitlose Strategien für den Umgang mit Geld.

6. **"Money: Die 7 einfachen Schritte zur finanziellen Freiheit"** von Tony Robbins
In diesem umfassenden Leitfaden stellt Robbins praktische Ratschläge und Strategien für den Vermögensaufbau vor. Das Buch richtet sich an alle, die finanzielle Unabhängigkeit anstreben, und bietet wertvolle Einblicke von führenden Finanzexperten.

7. **"Die finanzielle Freiheit leben: Der Weg zur finanziellen Unabhängigkeit"** von Bodo Schäfer
Bodo Schäfer beschreibt, wie man in einfachen Schritten die finanzielle Freiheit erreichen kann. Mit zahlreichen praktischen Tipps zu Sparen, Investieren und dem Aufbau von Wohlstand richtet sich das Buch vor allem an Leser, die nach einer klar strukturierten Anleitung suchen.

8. **"Your Money or Your Life"** von Vicki Robin und Joe Dominguez
   Ein einflussreiches Buch, das aufzeigt, wie der Umgang mit Geld unser gesamtes Leben beeinflussen kann. Die Autoren stellen ein 9-Schritte-Programm vor, um eine neue Beziehung zum Geld zu entwickeln und langfristig finanzielle Freiheit zu erreichen.

9. **"Broke Millennial: Stop Scraping By and Get Your Financial Life Together"** von Erin Lowry
   Dieses Buch richtet sich vor allem an junge Erwachsene und Einsteiger, die ihre Finanzen zum ersten Mal selbst in die Hand nehmen. Lowry erklärt leicht verständlich, wie man sich aus finanziellen Engpässen befreien kann und die Grundlagen des Budgetierens und Sparens erlernt.

10. **"I Will Teach You to Be Rich"** von Ramit Sethi
    Ein praktischer Leitfaden für die persönliche Finanzplanung und den Vermögensaufbau. Sethi gibt einen Sechs-Wochen-Plan an die Hand, der Sparen, Investieren und Schuldenmanagement abdeckt. Das Buch ist besonders für diejenigen geeignet, die konkrete Schritte zur Verbesserung ihrer Finanzen suchen.

11. **"Souverän investieren mit Indexfonds und ETFs"** von Gerd Kommer
    Gerd Kommer zeigt, wie man mit Indexfonds und ETFs kostengünstig und langfristig Vermögen aufbauen kann. Besonders für Einsteiger, die den Kapitalmarkt verstehen und eine einfache Investmentstrategie verfolgen möchten, bietet dieses Buch fundierte Grundlagen.

12. **"Die 4-Stunden-Woche: Mehr Zeit, mehr Geld, mehr Leben"** von Timothy Ferriss
    Ferriss beleuchtet, wie man mit weniger Arbeitszeit und einer besseren Work-Life-Balance finanziellen Erfolg und persönliche Freiheit erreicht. Es ist ein inspirierendes Buch für alle, die alternative Wege zu Wohlstand und Unabhängigkeit suchen.

13. **"ETF für Einsteiger: Vermögensaufbau ohne Vorkenntnisse"** von Thomas Henschel
    Dieser Ratgeber zeigt detailliert und verständlich, wie man mit ETFs auch ohne großes Vorwissen in den Aktienmarkt investieren kann. Ideal für alle, die sich neu mit dem Thema Geldanlage befassen und schrittweise Vermögen aufbauen möchten.

14. **"Clever investieren mit Immobilien"** von Alexander Goldwein
    Das Buch vermittelt Grundlagen und Strategien zur Investition in Immobilien und zeigt, wie man mit Immobilien Vermögen aufbauen kann. Es ist besonders geeignet für Leser, die die ersten Schritte in die Immobilienwelt machen wollen.

Diese Bücher decken ein breites Spektrum an Themen ab – von grundlegendem Budgetieren und Sparen bis hin zu fortgeschrittenen Anlageformen und der Entwicklung eines unternehmerischen Mindsets. Sie alle bieten wertvolle Einsichten und praktische Tipps, um auf dem Weg zur finanziellen Freiheit Schritt für Schritt voranzukommen.

Nützliche Webseiten und Tools

1. Finanzfluss
Webseite: www.finanzfluss.de
Die Plattform Finanzfluss bietet fundierte Informationen und Ratgeber zu den Themen Investieren, Budgetierung und Altersvorsorge. Besonders der YouTube-Kanal und der Blog sind ideal, um die Grundlagen des Vermögensaufbaus zu erlernen und tiefergehende Einblicke in die Finanzwelt zu gewinnen.

2. Comdirect Haushaltsbuch
Webseite: www.comdirect.de
Die Comdirect-Bank bietet ihren Kunden ein kostenloses digitales Haushaltsbuch, das sämtliche Kontobewegungen analysiert und kategorisiert. Damit lassen sich die Ausgaben überwachen und Einblicke in das eigene Konsumverhalten gewinnen.

3. YNAB (You Need A Budget)
Webseite: www.youneedabudget.com
YNAB ist eine beliebte Budgetierungssoftware, die auf dem Prinzip „Gib jedem Euro eine Aufgabe" basiert. Die App hilft Nutzern, ihre Finanzen detailliert zu planen, Ausgaben zu kategorisieren und langfristig finanzielle Ziele zu erreichen. YNAB bietet eine kostenlose Testphase und ist besonders für Nutzer geeignet, die nach einer strukturierten Herangehensweise suchen.

4. Mint.com
Webseite: www.mint.com
Mint ist eine kostenlose Budgetierungs-App von Intuit, die alle Konten, Kreditkarten und Ausgaben an einem Ort zusammenführt. Sie bietet Ausgabenanalysen, Budgetierungswerkzeuge und spart Tipps für den Alltag. Besonders nützlich für alle, die ihre Finanzen automatisch überwachen und optimieren möchten.

5. Etf.com
Webseite: www.etf.com
ETF.com ist eine umfangreiche Informationsquelle rund um das Thema ETFs (Exchange-Traded Funds). Die Seite bietet aktuelle Nachrichten, detaillierte ETF-Analysen und ein Verzeichnis mit über 2.000 ETFs, das Anlegern hilft, die besten Fonds für ihre Strategie zu finden.

6. Bundesverband Verbraucherzentrale (VZBV)
Webseite: www.verbraucherzentrale.de
Die Verbraucherzentrale ist eine wichtige Quelle für unabhängige Beratung und Informationen zu Finanzthemen. Die Seite bietet Ratgeber zu Kreditverträgen, Versicherungen, Altersvorsorge und Verbraucherrechten. Ideal für alle, die sich neutral informieren möchten.

7. Smava
Webseite: www.smava.de
Smava ist ein Kreditvergleichsportal, das einen schnellen Überblick über aktuelle Kreditangebote und Zinskonditionen bietet. Es richtet sich an Personen, die ihre bestehenden Kredite optimieren oder eine Finanzierungsoption für bestimmte Projekte suchen.

8. Zinsen-berechnen.de
Webseite: www.zinsen-berechnen.de
Diese Webseite stellt zahlreiche Finanzrechner zur Verfügung – von Zinseszinsrechnern bis hin zu Spar- und Tilgungsrechnern. Ideal für alle, die verschiedene Spar- oder Tilgungsoptionen berechnen möchten und Unterstützung bei der Finanzplanung suchen.

9. JustETF
Webseite: www.justetf.com

JustETF ist eine Plattform, die sich auf ETF-Portfolios und Anlagestrategien spezialisiert hat. Sie bietet umfassende Informationen über verschiedene ETFs, Vergleichsrechner und Tipps für ETF-Investitionen. Die Plattform ist besonders nützlich für Anleger, die ihr Portfolio selbst zusammenstellen und verwalten möchten.

10. Depotstudent.de
Webseite: www.depotstudent.de

Diese Plattform bietet umfassende Informationen und Ratgeber rund um das Thema Aktien und ETFs. Besonders für Einsteiger sind die Inhalte auf Depotstudent wertvoll, um Grundbegriffe und Anlagestrategien zu verstehen und umzusetzen.

11. ExtraETF
Webseite: www.extraetf.com

ExtraETF ist eine Wissensplattform und ein Datenverzeichnis speziell für ETFs. Neben aktuellen Nachrichten und Tipps zur ETF-Anlage gibt es hier zahlreiche Tools zur Portfolio-Analyse und ETF-Vergleiche, die sowohl Einsteigern als auch fortgeschrittenen Anlegern bei der Planung helfen.

12. Finanztip
Webseite: www.finanztip.de

Finanztip ist eine unabhängige Verbraucherplattform, die verständliche Ratgeber zu Finanzthemen anbietet. Von Versicherungen und Altersvorsorge über Kredite bis hin zu Geldanlage und Sparmöglichkeiten gibt es hier zu vielen Themen nützliche Informationen und Tipps.

13. Portfolio Performance
Webseite: **www.portfolio-performance.info**

Portfolio Performance ist eine kostenlose Open-Source-Software zur detaillierten Analyse von Wertpapierportfolios. Sie ermöglicht eine detaillierte Überwachung von Depots, eine umfassende Auswertung der Renditen und eine Visualisierung der Vermögensentwicklung. Perfekt für alle, die ihre Investments detailliert im Blick behalten möchten.

14. Scalable Capital
Webseite: **www.scalable.capital**

Scalable Capital ist eine digitale Vermögensverwaltung und bietet eine Robo-Advisor-Funktion, die automatisch ETF-Portfolios basierend auf individuellen Risikoprofilen verwaltet. Es richtet sich an alle, die sich professionell verwaltete Anlagestrategien wünschen.

15. Talerbox
Webseite: **www.talerbox.com**

Talerbox ist ein Finanzblog, der Themen wie Aktien, ETFs, passives Einkommen und Finanzbildung behandelt. Besonders die YouTube-Videos sind für Einsteiger nützlich, um sich schnell in grundlegende Finanzkonzepte einzuarbeiten und Tipps für langfristige Geldanlagen zu bekommen.

16. SteuerGo
Webseite: **www.steuergo.de**

SteuerGo ist ein einfaches und benutzerfreundliches Tool zur Online-Steuererklärung in Deutschland. Es ist besonders hilfreich für Arbeitnehmer, Studierende und Rentner, die ihre Steuererklärung selbst in die Hand nehmen wollen.

Diese Webseiten und Tools bieten vielfältige Unterstützung bei der Budgetierung und beim Vermögensaufbau. Sie sind eine wertvolle Ergänzung für die eigene Finanzplanung und helfen dabei, Budgetierungsstrategien weiter zu optimieren und die Finanzkompetenz zu erweitern.

Fazit – Nächste Schritte für den Leser

Am Ende des Weges durch Smart Budgeting - Finanzielle Freiheit Schritt für Schritt hast du nun das Wissen und die Werkzeuge, um deine finanzielle Zukunft aktiv zu gestalten. Wir haben uns mit Budgetierungsgrundlagen, effektiven Sparstrategien, klugen Investitionsmöglichkeiten und wertvollen Tipps zur langfristigen Planung auseinandergesetzt. Doch nun stellt sich die Frage: Was kommt als nächstes? In diesem Kapitel werfen wir einen Blick auf die konkreten Schritte, die du als Leser jetzt umsetzen kannst, um den Weg zur finanziellen Freiheit weiter zu verfolgen.

Rückblick: Das Gelernte zusammenfassen und festigen

Bevor du die nächsten Schritte gehst, lohnt es sich, die wichtigsten Punkte und Einsichten noch einmal zu überdenken und sicherzustellen, dass du die grundlegenden Prinzipien wirklich verinnerlicht hast.

- Budgetierung verstehen und anpassen: Gehe dein Budget noch einmal durch und überprüfe, ob du wirklich alle Einnahmen und Ausgaben detailliert aufgeführt hast. Nutze die vorgestellten Tools und Methoden, um deine Finanzen stets im Blick zu behalten.
- Sparziele definieren: Welche Sparziele hast du dir gesetzt? Ob Notfallfonds, eine größere Anschaffung oder die Altersvorsorge – überprüfe, ob deine Ziele klar formuliert und realistisch erreichbar sind.
- Erste Erfahrungen mit Investitionen sammeln: Falls du dich noch nicht für eine Anlageform entschieden hast, könnte dies der erste Schritt sein. Die Kapitel zur Geldanlage und Investitionen haben dir hoffentlich gezeigt, wie wichtig es ist, dein Geld für dich arbeiten zu lassen.

Finanzielle Routinen entwickeln

Die Budgetierung und Planung sollte nicht als einmalige Tätigkeit, sondern als fortlaufender Prozess betrachtet werden. Routinen helfen, den Überblick zu behalten und Ziele besser zu erreichen.

- Monatliches Finanz-Review: Richte dir ein monatliches Finanz-Review ein. Nimm dir eine Stunde Zeit, um deine Einnahmen und Ausgaben des Monats durchzugehen, deine Sparrate zu überprüfen und eventuell Anpassungen vorzunehmen.
- Sparquote kontinuierlich erhöhen: Versuche, deine Sparquote regelmäßig zu überprüfen und gegebenenfalls zu erhöhen. Selbst eine kleine Steigerung um 1 % oder 2 % kann im Laufe der Zeit eine große Wirkung haben.
- Automatisierungen nutzen: Nutze die Möglichkeit, Überweisungen und Sparpläne zu automatisieren, um die finanziellen Ziele ohne großen Aufwand zu erreichen.

Investitionen planen und überwachen

Für den langfristigen Vermögensaufbau ist eine gut durchdachte Anlagestrategie essenziell. Beginne mit kleinen Schritten und steigere dich allmählich.

- Risikoprofil bestimmen: Lege dein individuelles Risikoprofil fest. Bist du risikofreudig, konservativ oder etwas dazwischen? Das Risiko, das du bereit bist einzugehen, sollte sich in deinen Investitionen widerspiegeln.
- Langfristige Ziele setzen: Wie soll dein Vermögensaufbau in zehn, zwanzig oder dreißig Jahren aussehen? Setze klare Langfristziele und verfolge diese konsequent.
- Diversifizieren und Balance finden: Stelle sicher, dass dein Portfolio diversifiziert ist, um das Risiko zu minimieren und von verschiedenen Märkten zu profitieren.

Weiterbildung und Weiterentwicklung

Finanzielle Bildung ist ein lebenslanger Prozess. Die Finanzwelt entwickelt sich ständig weiter, und neue Werkzeuge und Strategien können dir helfen, deine Ziele noch besser zu erreichen.

- Lesen und Fortbildungen besuchen: Nutze die empfohlene Literatur und Webseiten, um dein Wissen zu erweitern. Informiere dich regelmäßig über finanzielle Entwicklungen und Trends.
- Workshops und Webinare: Nimm an Workshops und Webinaren teil, die dir neue Anregungen geben und dir die Möglichkeit bieten, mit Experten in Kontakt zu treten.
- Austausch in der Community: Schließe dich einer Finanz-Community an oder suche dir einen Sparring-Partner. Der Austausch mit anderen kann motivieren und wertvolle Einblicke bieten.

Meilensteine setzen und feiern

Der Weg zur finanziellen Freiheit ist kein Sprint, sondern ein Marathon. Setze dir Etappenziele und feiere kleine und große Erfolge.

- Monatliche oder quartalsweise Meilensteine setzen: Überlege dir kleine Meilensteine, die dich auf deinem Weg motivieren. Das könnten Schritte wie eine bestimmte Sparsumme oder eine größere Anschaffung sein, die du durch konsequente Planung ermöglicht hast.
- Erfolge anerkennen und genießen: Ob du deine erste größere Investition abgeschlossen oder einen Notgroschen aufgebaut hast – nimm dir die Zeit, diese Erfolge zu würdigen und stolz darauf zu sein, wie weit du schon gekommen bist.

Langfristige Lebensplanung und finanzielle Freiheit

Finanzielle Freiheit geht oft Hand in Hand mit persönlichen Lebenszielen. Sie bedeutet nicht nur, dass du finanzielle Sicherheit genießt, sondern auch, dass du deine Zeit selbstbestimmter gestalten kannst.

- Work-Life-Balance definieren: Überlege, wie die finanzielle Freiheit dir eine bessere Work-Life-Balance ermöglichen kann. Möchtest du weniger arbeiten, eine Auszeit nehmen oder ein Projekt verfolgen, das dir am Herzen liegt?
- Passives Einkommen aufbauen: Eine wichtige Säule der finanziellen Freiheit ist es, Quellen für passives Einkommen aufzubauen. Dies könnten Mieteinnahmen, Dividenden oder Online-Projekte sein, die dir unabhängig von deiner aktiven Arbeit Einkünfte bringen.
- Nachhaltige Lebensführung: Finanzielle Freiheit bedeutet auch Verantwortung. Achte darauf, dass dein finanzielles

Handeln nachhaltig ist und deinem Lebensstil und deinen Werten entspricht.

Fazit: Der Weg zur finanziellen Freiheit

Die Reise zur finanziellen Freiheit ist eine Mischung aus Wissen, Disziplin und Zielstrebigkeit. Jeder Schritt, den du gehst, bringt dich deinem Ziel näher – auch wenn es oft keine sichtbaren oder schnellen Erfolge gibt. Finanzielle Freiheit ist ein kontinuierlicher Prozess und erfordert eine langfristige Denkweise. Wenn du die Grundsätze dieses Buches verinnerlichst und dir finanzielle Routinen aneignest, wirst du die Kontrolle über deine Finanzen gewinnen und die Freiheit haben, das Leben nach deinen Vorstellungen zu gestalten.

Impressum

Alle Rechte Vorbehalten

Independently published.

Nachdruck, auch auszugsweise, verboten. Kein Teil dieses Werkes darf ohne schriftliche Genehmigung des Autors in irgendeiner Form reproduziert, vervielfältigt oder verbreitet werden.

Kontakt:
Dr. Albert Krammer
A-7503 Großpetersdorf

Haftungsausschluss
Der Autor übernimmt keinerlei Gewähr für die Aktualität, Korrektheit, Vollständigkeit oder Qualität der bereitgestellten Informationen und weiteren Informationen. Haftungsansprüche gegenüber dem Autor, welche sich auf Schäden materieller oder ideeller Art beziehen, die durch die Nutzung oder Nichtnutzung der dargebotenen Informationen bzw. durch die Nutzung fehlerhafter und unvollständiger Informationen verursacht wurden, sind grundsätzlich ausgeschlossen. Teile des Textes wurden mit Unterstützung von künstlicher Intelligenz erstellt.

www.ingramcontent.com/pod-product-compliance
Lightning Source LLC
Chambersburg PA
CBHW071451220526
45472CB00003B/764